Mon enfant ne m'écoute pas

ISBN : 978-2-412-10322-7
Code éditeur : S10322
Dépôt légal : septembre 2025
Imprimé en France par Normandie Roto Impression s.a.s. en août 2025 (2503042)

Direction éditoriale : Marie-Anne Jost-Kotik
Responsable éditoriale : Rose-Marie Di Domenico
Suivi d'édition : Emeline Plessier
Fabrication : Laure Bueno
Relecture : Natacha Kotchetkova
Mise en page : Ma petite FaB – Laurent Grolleau

Éditions First
92, avenue de France, 75013 Paris
Tél. : 01 44 16 09 00
E-mail : firstinfo@efirst.com
Site internet : www.editionsfirst.fr

#lisez! engagé
Pour plus d'information :
www.lisez.com
Imprimé sur du papier issu de forêts gérées durablement.

Alessandra Cordey
illustré par Marie Pertriaux

Mon enfant ne m'écoute pas

FIRST
ÉDITIONS

Pour Chloe et Eloise

Sommaire

Introduction

Soyons honnêtes, ce n'est pas facile d'être parent. C'est merveilleux, formidable et magique mais ce n'est clairement pas toujours évident. La réalité, c'est que nous n'y sommes pas préparés. Nous n'y sommes pas formés.

On nous dit que notre instinct et notre bon sens suffiront à nous guider. Mais est-ce vraiment le cas ? Est-ce que notre instinct nous dit réellement quoi faire quand nos enfants se disputent ou font une crise au milieu du parc ? Est-ce qu'il nous dit comment gérer la question des écrans, l'épuisement parental ou le sommeil des enfants ? Pas vraiment ! Nous manquons parfois cruellement d'informations sur la parentalité, l'enfant, son développement, comment il apprend et comment faire au quotidien. Au fond, c'est un peu comme si nous commencions un nouvel emploi sans aucune préparation ou formation préalable. Nous sommes lancés dans l'arène et il faut juste nous débrouiller comme nous pouvons. Une telle situation semblerait difficilement imaginable dans le cadre professionnel, et pourtant, c'est bel et bien ce qui se passe pour la parentalité.

Les parents sont donc nombreux à se poser des questions sur l'éducation de leurs enfants, à chercher des réponses concrètes et à se sentir, par moments, perdus, démunis, épuisés et stressés. Je n'ai eu de cesse d'observer cela depuis plus de quinze ans dans ma pratique de psychologue. Ces rencontres avec les parents, ces échanges et ces constats ont alors fait naître en moi l'envie d'écrire un livre. Un livre qui réponde au plus près à cette réalité et qui permette aux parents de vivre leur aventure familiale avec plus d'aisance, de plaisir et de sérénité. J'ai ainsi conçu un guide pratique, concret et accessible, pensé pour vous aider à faire face aux défis du quotidien – crises, difficultés de sommeil, devoirs, écrans, peurs, opposition… – tout en vous donnant des clés pour gérer votre fatigue et votre stress et vous aider à vous sentir plus équipé et outillé dans votre rôle de parent.

Mais l'objectif de ce livre est également de vous permettre de devenir plus conscient de vos choix éducatifs : comment voulez-vous vraiment éduquer votre enfant ? Parce que la façon dont nous allons gérer les crises, les moments de conflits, les peurs ou le sommeil, dépend de ce que nous voulons transmettre à nos enfants. Que cherchons-nous réellement ? Voulons-nous simplement imposer notre autorité et gagner chaque bataille ou bien cherchons-nous à leur apprendre autre chose ? Plus nous pouvons être conscients de ce que nous voulons leur transmettre, plus nous pouvons être précis sur le comment.

Autrefois, tout paraissait plus simple et on se posait moins de questions. L'éducation se basait sur le modèle hiérarchique que l'on retrouvait dans la majorité des foyers et dans la société de façon plus large : « Je suis l'adulte, je décide, tu te tais et tu obéis. » Mais les choses ont changé depuis lors et les parents ont souvent d'autres aspirations.

De nos jours, nous ne voulons plus élever nos enfants dans la peur et la domination et simplement en faire de bons petits soldats bien sages et obéissants. Nous voulons aussi nous intéresser à leur monde intérieur, à leur personnalité, leurs émotions et leurs besoins. L'éducation, c'est bien plus que des questions de règles et de limites. Nous avons là l'opportunité d'aider des petits êtres à découvrir qui ils sont, à développer leur individualité, leur lumière, à comprendre leurs besoins, s'affirmer, s'accepter et se respecter. Toutes ces choses que nous avons souvent pris tant de temps à apprendre nous-mêmes venant d'une génération où tout était centré sur le fait d'être sage, un point c'est tout ! Alors, dans tous les moments du quotidien, nous avons un choix : apprendre à nos enfants à se taire et à obéir ou bien leur transmettre un apprentissage plus profond. Lorsque deux enfants se disputent, par exemple, nous pourrions leur dire de cesser immédiatement et de filer dans leur chambre ou bien nous pourrions saisir ce moment comme une opportunité pour leur apprendre bien plus : comprendre ce qui motive leur comportement, gérer les conflits, trouver des solutions, s'affirmer, se mettre à la place des autres et découvrir comment exprimer leurs émotions de façon constructive et acceptable. L'éducation a donc changé en ce sens qu'elle ne cherche plus à former de petits êtres sages et soumis dont l'individualité a été écrasée. Elle veut être un chemin pour accompagner et aider nos enfants à se comprendre, se respecter et grandir en conscience. Mais attention, cela ne veut pas dire en faire des enfants rois autoritaires et autocentrés qui ne respectent pas les autres !

Parce qu'après des décennies d'éducation où l'accent a été mis presque exclusivement sur l'obéissance, un mouvement inverse est apparu. En réaction au modèle autoritaire, de nombreux parents ont porté leur attention avant tout sur le monde intérieur de l'enfant, son ressenti et ses besoins, parfois au point de négliger l'apprentissage des limites et des règles de la vie en société. Ce changement s'explique en grande partie par les blessures de générations d'enfants devenus adultes, qui ont voulu offrir à leurs enfants ce qu'eux-mêmes n'avaient pas reçu : de l'écoute, de la bienveillance et une reconnaissance de leurs émotions. Et cette intention est profondément légitime et belle. Mais, comme en toute chose, l'équilibre est essentiel. Être parent, ce n'est pas seulement aider son enfant à mieux se connaître et se comprendre. C'est aussi lui enseigner comment vivre avec les autres. Cela passe par la gestion de la frustration, la capacité à prendre du recul, à intégrer certaines règles, à faire preuve d'empathie et à respecter l'espace d'autrui. Sans ces apprentissages, nos enfants risquent de rencontrer des obstacles relationnels et émotionnels qui freineront leur plein développement et leurs capacités d'interactions sociales.

L'éducation, c'est donc construire un bel équilibre entre apprendre à l'enfant à s'écouter, se connaître et se respecter lui-même tout en lui apprenant à respecter les autres. C'est ce délicat équilibre entre guidance et liberté, entre enracinement et envol, qui permettra à nos enfants de devenir des adultes ancrés, alignés et épanouis.

Oui, mais alors comment faire pour concilier tout cela ? Comment faire lorsque nos enfants font une crise, s'opposent ou ne veulent pas dormir pour nous centrer à la fois sur leur monde intérieur tout en leur apprenant les règles du vivre ensemble ? Et comment faire cela alors que nous courrons sans arrêt et que nous nous sentons épuisés et stressés ?

C'est justement ce que nous verrons tout au long de ce livre : comment gérer concrètement les défis du quotidien, notre fatigue et notre stress en adoptant un modèle de parentalité consciente qui apprend à l'enfant à réguler ses émotions, écouter ses besoins, développer sa confiance et sa personnalité tout en lui apprenant à intégrer les règles de son environnement, gérer ses relations sociales et respecter la vie qui l'entoure. En prenant en considération ces différents éléments, nous posons alors les bases d'une éducation équilibrée et respectueuse.

C'est dans nos familles que nous créons le monde de demain. En éduquant nos enfants dans la communication, l'amour et le respect d'eux-mêmes et des autres, nous travaillons alors à la construction d'un monde empreint de ces mêmes valeurs.

J'espère de tout cœur que ce livre pourra vous aider à vous sentir plus conscient, plus confiant et plus serein dans votre rôle de parent et vous soutenir sur ce chemin de la parentalité avec bienveillance et sans jugement.

Alessandra

Partie 1

Nous, parents !

Et si nous prenions soin de nous ?

Notre rôle de parent peut être à la fois source de joie immense et de fatigue intense. Entre les responsabilités quotidiennes, les préoccupations liées à l'éducation et les besoins émotionnels de l'enfant, il est facile de se perdre dans les exigences de la parentalité. Pourtant, pour être pleinement présents et bienveillants envers nos enfants, il est essentiel de commencer par nous ressourcer un peu. Prendre soin de nous n'est pas un acte égoïste, mais un fondement de la parentalité saine. Un parent qui néglige ses propres besoins risque de s'épuiser, de perdre patience et de se retrouver dans un cercle vicieux de stress et de frustration. En revanche, lorsque nous nous accordons du temps pour nous reposer et nous ressourcer, nous devenons non seulement plus calmes et centrés, mais nous créons aussi un environnement familial plus équilibré. Prendre soin de nous, c'est nous donner la possibilité de mieux accompagner nos enfants, d'être plus disponibles émotionnellement et d'offrir une parentalité plus consciente et épanouie. Et pourtant, nous l'oublions si souvent…

C'est pourquoi j'ai tenu à commencer ce livre par un chapitre sur les parents ! Parce que rien ne sert d'apprendre de belles théories sur l'éducation des enfants si nous n'avons plus d'énergie pour les appliquer. Lorsque nous négligeons nos propres besoins, il devient difficile d'offrir à nos enfants la présence, la patience et l'énergie nécessaire à leur éducation et leur accompagnement. Être parent est un rôle exigeant et prenant. Prendre soin de nous devrait donc être une priorité. Mais malheureusement, nous avons souvent tendance à nous mettre tout en bas de notre *to-do list*. Rappelez-vous donc que tout commence avec vous. Prenez soin de vous, vous en avez besoin et votre enfant aussi !

Un système sociétal qui épuise les parents

Les parents sont nombreux à se sentir fatigués, à courir entre travail et famille, à ne pas avoir une seconde pour eux. Arrivés à la maison, ils aimeraient parfois juste que leurs enfants exécutent, tels de bons petits soldats, la routine du soir et aillent se coucher afin qu'ils puissent eux-mêmes enfin se reposer. « Je suis fatigué, je n'en peux plus, c'est trop », voilà des mots que j'entends si souvent de la part des parents. Ils courent sans cesse, tentent de garder leur calme et de se montrer disponibles mais à force de ne pas avoir une seconde pour eux, pour respirer, pour savourer, ils finissent par s'essouffler. Épuisement, burn-out, fatigue parentale, mais pourquoi est-ce si éreintant d'être parent ?

La société a connu de grands changements dans les dernières décennies. Aujourd'hui, les deux parents travaillent souvent et de plus en plus de parents séparés doivent gérer, parfois dans une grande solitude, toutes les tâches du quotidien. Certains de ces changements ont amené de merveilleuses perspectives professionnelles aux femmes, mais aussi un lot de défis organisationnels qui ne semblent que très peu pris en compte par la société. Deux parents qui finissent à 18 heures ou 19 heures, des enfants qui ont des journées interminables à l'école ou à la crèche, trop de fatigue et de stress de part et d'autre. Les parents enchaînent les tâches avec peu de soutien et d'aide et n'ont plus de carburant en eux. Ils vivent dans un système organisé autour d'un nombre d'heures de travail qui ne bénéficie ni aux parents, ni aux enfants, ni à la productivité, ni aux entreprises.

Le tableau de la vie actuelle dépeint des parents épuisés qui mettent leurs enfants sur les écrans car ils sont trop fatigués pour s'en occuper, qui crient souvent car ils sont exténués et sans ressources pour gérer leurs émotions ; des couples qui n'ont plus l'énergie de se regarder, de s'écouter ; des enfants fatigués par de trop longues journées en crèche ou à l'école, pas assez ressourcés par la présence parentale et le bonheur d'être ensemble, qui s'agitent en classe et n'arrivent plus à apprendre car ils sont remplis de stress.

Combien de temps allons-nous encore faire semblant de croire que ce système fonctionne bien, dans lequel les parents se retrouvent, tels des robots, à exécuter des tâches, courir en permanence et ne devraient surtout pas éprouver de fatigue, sinon ce serait un signe de faiblesse ? Pendant combien de temps allons-nous vivre dans un système qui épuise les parents, les enfants, les couples et les familles ? De quels chiffres supplémentaires avons-nous besoin pour comprendre que nous allons vers un essoufflement ? L'ironie, c'est que nous sommes une société basée sur la performance et la productivité, mais est-ce que des humains plus fatigués et stressés sont des humains plus performants, productifs et créatifs ? Bien sûr que non. Si nous parvenions à créer un rythme qui respecte les besoins de l'humain et des familles, nous serions automatiquement plus ressourcés, plus motivés et plus créatifs et il y aurait moins de burn-out et de dépressions. Les parents seraient plus reposés et les enfants moins stressés.

Ces changements seraient bénéfiques tant pour les familles que pour les entreprises, et tant pour aujourd'hui que pour demain. Il est grand temps de penser à un rythme plus respectueux de l'humain et des familles. Il est grand temps de reprendre du plaisir à être ensemble et savourer la vie. En attendant que notre société se réveille, commençons par faire ce travail nous-mêmes. À nous de nous respecter, nous regarder, nous écouter afin de ne pas nous éteindre à petit feu ! Notre challenge est de prendre le temps de souffler et de penser à nous et à notre famille dans un système qui va toujours plus vite et qui n'arrête pas de courir. Dans ce chapitre, nous allons voir quelques pistes pour diminuer votre fatigue, votre stress et apprendre à vous ressourcer et à vous reconnecter à votre enfant et à vous-même.

Que faire face à ce stress et cette fatigue ?

Commencer par les détecter

Nous sommes parfois si stressés, fatigués et habitués à l'être que nous ne nous rendons même plus compte des signes que notre corps et notre esprit nous envoient pour nous indiquer que c'est trop. Nous devons apprendre à nous reconnecter à nous-mêmes, à notre corps, à nos émotions.

Commencez par appuyer sur pause et prenez une bonne inspiration. Respirez tranquillement, écoutez, observez et demandez-vous comment vous vous sentez. Y a-t-il des signes physiques de stress ou de fatigue : nuque raide, tension dans les épaules ou le dos, mains crispées, agitation motrice, maux de tête, maux de ventre, envie de s'endormir n'importe où, vertiges, etc. ? Y a-t-il des signes comportementaux et psychiques : irritabilité, impulsivité, agitation, difficulté à s'organiser, oublis fréquents, augmentation de la consommation d'alcool, de tabac ou de drogue, changement au niveau des comportements alimentaires ? Que ressentez-vous ? À quoi pensez-vous ? Prenez un instant pour vous écouter, dialoguer avec vous-même et vous apporter cet amour de soi.

Le stress nous met souvent dans un ressenti d'urgence qui nous donne l'impression que nous ne pouvons pas nous arrêter. Il faut faire, faire et faire ! Le paradoxe est que plus nous sommes stressés, moins nous arrivons à nous écouter et prendre soin de nous. Si le seul fait de penser à ralentir et faire une pause un instant vous paraît déjà être une perte de temps, alors vous êtes probablement immergé dans un stress important. Vous vous dites qu'il faut juste continuer encore et toujours. Mais jusqu'à quand ? Jusqu'où ? La vie n'est pas juste une succession de choses à faire. La vie est aussi la joie, le plaisir, le rire, l'instant. Si vous avez l'impression qu'il n'y a pas la moindre place pour ralentir, alors c'est qu'il est grand temps de vous arrêter. Vous n'avez qu'une vie. Prenez une bonne inspiration et voyons ensemble comment diminuer votre stress.

Il y a trois façons complémentaires de gérer le stress :

- Satisfaire suffisamment nos besoins pour pouvoir faire face avec efficacité au stress. En effet, si nous sommes affamés et épuisés, nous basculons beaucoup plus facilement dans un état de stress que si nous sommes reposés et ressourcés.

- L'évacuer petit à petit et ne pas le laisser s'accumuler en nous.
- Poser des limites.

Voyons comment nous pouvons faire cela.

Satisfaire nos besoins

Afin d'avoir plus de ressources pour gérer notre stress du quotidien, il est indispensable de remplir nos besoins *a minima*. Or, lorsque nous devenons parents, un des plus grands changements que nous vivons est certainement le fait d'avoir moins de temps pour nous-mêmes. À force de ne plus nous écouter et de ne pas penser à nous, le risque est de complètement nous oublier. Les premières années de vie de nos enfants nous demandent énormément. Nous dormons moins, nous devons beaucoup nous occuper d'eux et les accompagner dans chaque étape de leur quotidien. Tout cela en travaillant bien souvent en parallèle. Petit à petit, nous puisons alors dans toutes nos ressources et notre énergie sans recharger nos batteries.

La parentalité n'est pas un sprint mais un marathon. Il faut savoir gérer son énergie. Nous devons penser à nous tels des sportifs qui doivent fournir des efforts physiques et mentaux sur le long terme.

Tout comme l'athlète, nous devons donc penser à remplir nos besoins et ne pas nous oublier dans l'équation. Cependant, contrairement à lui, nous n'avons pas beaucoup de temps pour nous occuper de nous-mêmes. Comment faire alors ?

Pour commencer, essayons de mieux comprendre quels sont nos besoins. Ils sont souvent partagés en trois catégories : les besoins indispensables à notre survie, les besoins primaires et les besoins secondaires. Les besoins de survie sont le fait de dormir, manger, boire et être en sécurité. Les besoins primaires et secondaires sont tous les autres besoins qui ne sont pas indispensables à notre survie mais qui nous donnent de l'énergie, nous ressourcent, nous détendent et nous font plaisir : la socialisation, le sport, les moments de calme, la sexualité, le rire, nous divertir, voyager, lire, nous instruire, cuisiner, nous détendre, etc. Nous sommes bien évidemment tous différents et nos besoins varient en fonction de l'individualité de chacun. Pour certains, le fait de voir des amis va être primordial alors que pour d'autres, le plus important va être de faire du sport ou de se ressourcer en ayant un moment de calme et de solitude.

Je vous invite à faire le petit exercice suivant pour vous aider à devenir plus conscient de vos besoins et de ce qui vous fait du bien. Mieux vous connaître vous permettra de mieux vous ressourcer. Inscrivez ci-dessous les 4 besoins les plus essentiels à vos yeux après les besoins de survie.

Mes besoins de survie :

1. *Sommeil*
2. *Alimentation*
3. *Sécurité*

Mes besoins primaires :

1. ....
2. ....
3. ....
4. ....

Prenez conscience de ce qui vous fait du bien et de ce qui recharge vos batteries. Ensuite, posez-vous la question : « Est-ce que je satisfais mes besoins de survie ? Est-ce que je satisfais mes besoins primaires de temps en temps ou jamais ? » Si ces besoins semblent continuellement insatisfaits dans votre vie, demandez-vous comment vous pourriez remplir quelque peu ces réservoirs.

Il s'agit de réinventer notre quotidien car nous n'avons plus le temps de satisfaire nos besoins comme autrefois. Nous ne pouvons plus nous allonger sur le canapé en regardant tranquillement la télé comme nous le faisions avant d'avoir des enfants. Nous ne pouvons pas aller boire un verre spontanément avec des amis ou aller faire un jogging sans nous être organisés pour la garde des enfants. Ce que nous faisions tout naturellement et sans trop y penser pour satisfaire nos besoins n'est plus possible dans notre nouvelle vie de parents.

Nous nous devons d'être créatifs et d'inventer de nouvelles façons de penser à nous. Ce n'est pas toujours facile et cela va nous demander un peu plus d'organisation et d'anticipation que du temps de nos 20 ans lorsque toute notre vie était un enchaînement de moments pour nous ou presque. Mais ce travail est indispensable afin de tenir la course sur le long terme.

Devenir parent, c'est donc aussi apprendre à inclure dans notre agenda parental de petits moments pour nous. C'est être conscient de nos besoins et du moyen de les satisfaire afin d'avoir l'énergie nécessaire pour accompagner nos enfants et leur montrer, à travers notre modèle, l'importance de prendre soin de soi et de son corps.

N'oubliez pas non plus que vos besoins de survie sont prioritaires sur vos besoins primaires. Si vous dormez très peu et que vous avez à peine le temps de manger, concentrez-vous sur ces problématiques. Combien de parents me disent : « Oui mais quand mes enfants sont couchés, j'ai enfin un moment pour moi-même. Du coup, je me couche très tard car je regarde une série à la télé et je me relaxe un peu. » C'est merveilleux et je comprends parfaitement ! Mais nous avons terriblement besoin de sommeil quand nos enfants sont très jeunes.

Pensez donc à vous coucher le plus tôt possible afin de récupérer et d'avoir de l'énergie le lendemain. Vous pouvez, bien sûr, regarder une chouette série de temps en temps, mais pas tous les soirs si vous êtes complètement épuisé. Sans un bon sommeil, nous ne fonctionnons pas !

Ôter la culpabilité, ce poids

Comment trouver le temps pour soi alors que nos enfants ont tant besoin de nous ? Avons-nous vraiment le droit de penser à nous ?

Nous croyons qu'avoir des moments pour nous est égoïste et nous culpabilisons à l'idée de ne pas être avec nos enfants à chaque instant ou de ne pas avancer dans la *to-do list*. Je comprends parfaitement ce sentiment, croyez-moi. Mes enfants sont mes soleils, mes bonheurs, ma lumière. Ceux qui me connaissent savent que je donnerais tout pour passer un maximum de temps avec eux. Mais penser à remplir nos réservoirs, ce n'est pas moins aimer nos enfants.

Au contraire. C'est comprendre l'importance de notre santé mentale et physique pour les accompagner et être un modèle pour nos enfants en leur montrant que notre corps et notre esprit sont précieux, qu'il faut en prendre soin. Il nous paraît évident qu'une plante a besoin d'eau et de soleil pour survivre mais nous oublions cela pour nous-mêmes. Est-ce vraiment le modèle que nous voulons donner à nos enfants ? Pensons-y.

Je viens d'une génération où l'accent n'a pas été mis sur les besoins des enfants. Je sais les souffrances que cela a pu engendrer chez de nombreuses personnes. C'est pour cela que je soulignerai toujours que penser à nous ne veut pas dire se faire passer avant nos enfants et oublier leurs besoins. Mais il s'agit de changer notre *mindset* et de comprendre que prendre soin de nous est indispensable pour notre propre survie mais aussi pour l'épanouissement de nos enfants. Nous venons de le dire, en faisant cela, nous leur donnons un modèle positif de respect de soi-même. Mais prendre du temps pour nous, c'est aussi pouvoir mettre plus d'énergie dans l'éducation de nos enfants. Nous pouvons être plus patients, plus calmes et plus joyeux que si nous sommes sans cesse en train de tirer sur la corde. Prendre soin de nous, c'est prendre soin de nos enfants. Si nous comprenons réellement cela, alors nous changeons notre rapport à cette culpabilité et nous trouverons le temps de nous faire du bien.

Apprendre à demander du soutien

Parfois, nous avons besoin d'aide pour remplir nos réservoirs car nos petits bambins ne vont pas se garder tout seuls. Il est important de connaître nos limites et de savoir demander du soutien. Or, c'est probablement une des choses les plus difficiles à faire. Nous gardons si fortement en nous l'idée qu'un bon parent, c'est un parent qui peut tout faire ! Ce n'est pas vrai.

Nous avons le droit de ne pas y arriver, de dire que c'est trop et d'avoir besoin d'aide afin de prendre une journée pour nous reposer, une heure pour nous aérer ou un week-end pour recharger nos batteries. Essayez d'identifier les personnes relais dans votre entourage (grands-parents, oncle, tante, marraine, parrain, amie, nounou, aide de l'État) qui vous aideront à souffler. Et bien sûr votre partenaire ! Mais parfois cette demande est complexe car on a l'impression de se battre l'un contre l'autre, d'énumérer la liste de qui fait plus et de batailler pour obtenir un moment de récupération. Alors, voyons comment améliorer la situation d'entraide dans le couple.

La communication et l'entraide dans le couple

Je vois souvent, entre les parents, ce que j'appelle la bataille de survie. Chaque parent est épuisé et se bat pour défendre ses besoins. « Tu as vu tout ce que j'ai fait alors que toi tu ne fais rien. J'aimerais juste me reposer un peu ! » Les critiques s'enchaînent et la guerre commence. Nous aimerions faire réagir l'autre et, en quelque sorte, lui demander l'autorisation de prendre un moment pour nous reposer. Nous gardons parfois l'espoir que notre partenaire va nous dire : « Ma chérie, va te reposer un instant, tu en fais tellement. » Cela existe peut-être mais ce n'est pas très fréquent. La plupart du temps, nous sommes si fatigués qu'il est difficile de penser à l'autre tant nous sommes centrés sur nos propres besoins de survie. Mais rappelez-vous que vous êtes ensemble dans cette aventure et qu'il s'agit de vous entraider et non de vous entretuer.

La première étape est d'apprendre à reconnaître et exprimer nos besoins et ne pas attendre de l'autre qu'il les devine !

La deuxième étape est d'apprendre à exprimer ces besoins clairement et sans critiques ou agression de l'autre. Pour finir, la troisième étape est pour la personne en face de pouvoir entendre et accueillir ce que son partenaire lui dit sans rentrer dans un combat, ne pas « se sentir assez » ou commencer une comparaison de qui fait quoi ! Rappelez-vous que, derrière chaque demande, il y a un besoin d'être vu, entendu et considéré ! Alors même si vous n'avez pas tout de suite la solution au problème, montrez à votre partenaire que vous comprenez et entendez son besoin. Cela va déjà énormément le/la soulager.

Voici un exemple de l'enchaînement décrit ci-dessus : « Je suis fatigué, j'ai besoin de prendre un moment pour me reposer cet après-midi, c'est bon pour toi ? Et toi tu prends un moment demain ? » ou « Quand est-ce que tu voudrais prendre un moment ? » plutôt que « J'en peux plus, tu ne fais jamais rien pour m'aider. Je fais tout ici. J'en ai assez. Je suis à bout ! » En entendant ces mots, votre partenaire va juste se sentir agressé et critiqué et ne comprendra peut-être pas que ce que vous cherchez vraiment à dire, c'est que vous avez besoin de vous reposer.

Apprenez à formuler des demandes claires, sans reproches ni critiques. Ensuite, il est important que la personne en face montre son empathie : « Je comprends, on va trouver une solution. » Si elle a aussi des besoins à faire entendre, alors vous pouvez bien sûr le partager : « Je comprends ce que tu dis et c'est parfait si toi tu prends le samedi pour te reposer. Je t'avoue que je me sens aussi très fatigué et prendre mon dimanche va vraiment me faire du bien ! »

Si votre partenaire ne vous aide pas suffisamment à votre goût, alors il convient d'en parler ensemble. Nous sommes au XXIe siècle. Un équilibre et un partage des tâches sont indispensables. Il n'y a aucune raison que la femme fasse plus que l'homme (ou vice versa) et que nous acceptions le cliché du père devant la télé alors que la femme court partout dans la maison. Chacun doit y mettre du sien. Vous formez une équipe et cela devrait être clair pour chacun.

Pour vous aider à trouver un bel équilibre, vous pouvez, par exemple, faire une liste de tâches quotidiennes, hebdomadaires et mensuelles de la famille et les répartir de façon équitable. Voir les choses par écrit nous aide parfois à prendre plus clairement conscience de ce que chacun fait. Il est également important de prendre en compte les points forts de chaque parent. Nous avons tous des tâches que nous préférons et que nous gérons plus facilement. Utilisez les forces de chacun pour trouver un équilibre qui vous convient à tous les deux.

Un exemple de tableau :

	Moi	**Toi**
Les tâches du quotidien :		
Le repas		
Mettre la table et la débarrasser		
La vaisselle		
Habiller les enfants		
Hygiène des enfants : dents, bains/douches, etc.		
Les devoirs		
Coucher les enfants		
Sortir les poubelles		
Faire les courses		
Lancer la lessive		
Étendre le linge		
Ranger et faire le ménage		
Relever le courrier		
Nourrir et sortir les animaux domestiques		

	Moi	Toi
Les tâches ponctuelles :		
Acheter et trier les habits des enfants		
Payer les factures		
Rendez-vous médicaux		
Rendez-vous crèche/école		
Organiser les vacances et les camps		
Envoyer les factures à l'assurance		
Faire du repassage		

Le but n'est pas d'être totalement rigide quant à ces tâches mais plutôt d'avoir une idée plus claire de qui fait quoi et de ressortir de cette discussion avec un meilleur sentiment d'équité et d'entraide.

Laisser l'autre faire différemment

Parfois, nous souhaitons plus que tout un partage des tâches au sein du couple mais nous ne le laissons pas vraiment se mettre en place. Pour construire un réel équilibre, il faut accepter que nous soyons deux personnes différentes et que, par conséquent, nous ne fassions pas tout de la même façon. Cela peut être difficile à accepter pour certains. Les remarques fusent dès que la tâche n'est pas effectuée comme l'autre membre du couple le souhaiterait. La fatigue et le stress accentuent souvent ce phénomène car nous aimerions juste que tout soit bien fait rapidement. Je comprends tout à fait. En revanche, si l'un des deux reçoit tout le temps des remarques, il va finir par s'opposer ou baisser les bras et moins participer.

Il est donc important pour le couple, et pour la famille, d'accepter que chacun puisse faire les choses différemment. Mais cela implique aussi que les deux partenaires prennent leur responsabilité. Il est évident que si à chaque fois que vous changez la couche de votre enfant, vous la laissez traîner pendant des heures sur la table à langer, votre partenaire risque de vous faire une remarque et de s'énerver. Il est, par conséquent, important que chacun puisse avoir sa place et faire à sa manière mais également que cela soit fait de façon responsable et respectueuse de l'autre.

> Pour construire un réel partage des tâches, il faut un bel équilibre entre accepter que l'autre fasse différemment et agir de manière responsable.

Que faire si on est en complet désaccord sur l'éducation de nos enfants ?

Si vous vous retrouvez en désaccord avec votre partenaire, le podcast suivant va vous aider à trouver des solutions :

Relâcher le stress de notre quotidien

Nous venons de voir qu'il est primordial de remplir nos besoins et de nous entraider dans le couple ou avec les personnes relais, pour avancer efficacement sur le chemin de la parentalité. Mais malgré ce travail, il va souvent nous arriver d'être envahis par du stress. Le fait de courir sans arrêt et d'avoir mille choses dans la tête met notre corps dans un état d'urgence et lui donne l'information qu'il est menacé. Des hormones de stress sont produites en cascade pour nous aider à réagir face à cette menace. Nous ne sommes pas en danger, mais la course perpétuelle de nos vies fait croire à notre cerveau que c'est le cas : notre rythme cardiaque, notre respiration et nos pensées s'accélèrent. Il est indispensable de prendre conscience de ces états et d'ensuite savoir comment évacuer le trop-plein.

La première étape est de ralentir notre respiration pour donner l'information à notre cerveau que nous ne sommes pas en danger. Cela le sortira de la spirale du stress et nous aidera à nous calmer. Il faudra ensuite relâcher la tension qui s'est accumulée petit à petit en nous.

Voyons donc différents moyens qui vous aideront à informer votre corps et votre cerveau que vous n'êtes pas en danger et qui l'aideront à relâcher le stress.

- Quelques minutes de respiration et de cohérence cardiaque : une des façons les plus efficaces pour diminuer le stress est de ralentir sa respiration. Nous calmons le corps pour calmer le cerveau. Ouvrez la fenêtre et inspirez profondément en comptant jusqu'à 3 puis faites la même chose lors de l'expiration. Sous stress, nous respirons trop rapidement ou de façon irrégulière. Les exercices de cohérence cardiaque sont d'une grande efficacité car ils nous aident à respirer en suivant un rythme régulier et stable qui indique à notre cerveau qu'il est en sécurité et diminue donc la production de cortisol. Une foule d'applications (telles que Respirelax et Kardia) ou de vidéos sur Internet vous aideront à garder un rythme régulier de respiration pendant 3 à 5 minutes. Essayez de faire cet exercice une fois par jour ou dès que vous en ressentez le besoin. Il est simple, court et d'une efficacité redoutable.

- Bougez : marchez, faites le sport que vous aimez, soyez en contact avec la nature. Des études ont montré que 20 minutes dans la nature diminuent de façon significative notre taux de stress. Ne nous en privons pas !

- Relaxez-vous : yoga, méditation, relaxation, massage, repos… Prendre soin de son corps est extrêmement important quand on a un trop plein de stress. La méditation et les massages sont un des moyens les plus efficaces pour nous aider à nous recentrer sur nous-mêmes et à relâcher la tension. Quelques applications de méditation et de relaxation : Calm, Headspace, Petit BamBou ou Méditer avec Christophe André.

Voici un exercice de méditation que je vous propose :

- Communiquez : parlez, socialisez, voyez vos amis, partagez et relâchez vos émotions. Rechargez votre énergie à travers la musique, le rire, les échanges, les câlins en famille. Dans ces moments, notre corps produit des endorphines et de l'ocytocine, ce qui amène de la joie et de la détente : un bon rempart contre le stress ! Rappelez-vous que vous êtes votre propre expert. Vous savez mieux que quiconque ce qui vous fait du bien et ce qui est efficace pour vous. C'est votre corps, votre vie. Apprenez à vous écouter et identifier ce qui vous ressource. Accordez-vous des pauses lors desquelles vous sortez de la course, du stress et où votre corps peut se relâcher et se détendre.

> Devenons plus conscients de ce qui nous aide à évacuer la tension et le stress dans notre quotidien et instaurons ces moments de façon plus régulière dans nos vies. Nous sentir moins stressés va avoir un effet positif sur nous mais également sur nos enfants. Moins de stress, c'est moins de conflits dans une famille.

Poser des limites

Rien ne sert de relâcher notre tension si nous restons dans un système qui ne nous convient pas et qui ne fait qu'ajouter des insatisfactions au quotidien. Pour gérer notre stress, il faut donc aussi pouvoir faire un point sur notre vie et dire non à ce qui nous surcharge ou ne nous convient pas. Il faut apprendre à vous connaître, à vous aimer et à vous respecter suffisamment pour mettre une limite et dire « non » quand c'est trop !

Lorsque quelqu'un vous demande quelque chose, avant d'accepter, prenez donc un instant pour respirer profondément, vous recentrer et vous interroger : « Ai-je réellement envie de faire cela ? Ou est-ce que je dis "oui" par peur de décevoir, pour faire plaisir ou en raison d'un sentiment d'obligation ? » Vous écouter et vous respecter est essentiel. Un excès de stress est souvent le reflet d'une vie qui ne vous respecte pas. Apprenez donc à faire des choix qui sont alignés avec qui vous êtes, autorisez-vous à dire « non » et à ne pas toujours faire plaisir aux autres.

L'important, ce n'est pas ce que les autres pensent ou ce que votre partenaire, votre boss ou vos parents croient que vous devriez être capable de faire. L'important, c'est de vous reconnecter à votre corps, à vos émotions et à vos ressentis pour apprendre à être aligné avec vous-même et ne pas vous surcharger jusqu'à un point de saturation. C'est apprendre à voir ce qui vous convient ou pas en vous rappelant que nous sommes tous différents. Certains peuvent gérer le stress avec plus de facilité que d'autres. Nous ne pouvons pas demander à chaque être humain d'être semblable à son voisin. Acceptez-vous donc et ne cherchez pas à faire pareil que les autres. Vous êtes unique. Écoutez-vous pour mieux vous connaître, accepter vos limites, apprenez à dire « non » et à construire une vie qui soit dans le respect de qui vous êtes. Vous n'avez qu'une vie, ne l'oubliez pas. Ne passez pas à côté de ce que vous voulez vraiment et de ce dont vous avez réellement besoin.

Soyez tolérant et soyez vous-même !

Une des choses qui nous fatiguent énormément, c'est la pression que l'on se met par moments pour correspondre à un modèle de parent parfait et à un style parental qui ne nous ressemble pas toujours. J'ai parfois l'impression qu'on s'imagine que pour être un bon parent, il faudrait être une sorte d'animateur de camp de vacances, toujours de bonne humeur et toujours enthousiaste même après 20 réveils nocturnes, 20 crises ou 20 questions répétitives. Il faudrait ranger la chambre des enfants sous forme de jeu, enchaîner les activités et ne jamais avoir un mot plus haut que l'autre. Et il faudrait être tous pareils, tels des petits clones tout droit sortis d'un livre de parentalité positive.

C'est impossible ! Nous avons tous nos limites, nos moments difficiles et nous avons tous notre style. Avec certains messages sur la parentalité de la part des professionnels de l'enfance, une pression énorme pèse sur les parents. C'est injuste. Tout d'abord, il faut se rappeler que nous sommes tous différents. Certains aiment ranger les chambres avec les enfants sous forme de jeu, d'autres préfèrent le faire autrement. Certains parlent très doucement et d'autres un peu plus fort. Certains utilisent l'humour, d'autres moins. Nos différences nous rendent uniques et cette diversité est essentielle. Nos enfants, comme tout être humain, aiment l'authenticité. Ils veulent avoir comme parent cette personne unique que nous sommes. Le but n'est donc pas de devenir quelqu'un d'autre en essayant d'imiter l'image que vous avez du parent parfait. L'idée est plutôt d'acquérir les connaissances nécessaires afin de vous sentir équipé et outillé en tant que parent pour ensuite construire votre propre style parental, celui qui vous ressemble !

Il s'agit de passer d'une parentalité intuitive à une parentalité consciente afin d'avoir les principes de bases en main pour accompagner au mieux nos enfants. Ensuite, nous pouvons mélanger tout cela en nous et construire notre propre identité parentale ! La deuxième étape essentielle est de combiner attentes avec tolérance. Nous avons tendance à nous mettre beaucoup trop de pression. Or, personne ne se sent bien ou n'est performant lorsqu'il est écrasé sous une montagne d'exigences.

Combien de parents viennent me voir, remplis de culpabilité, en me disant qu'ils ont crié sur leurs enfants. Oui, cela arrive ! Nous faisons du mieux que nous pouvons. Nous sommes parfois fatigués, épuisés et stressés et cela impacte fortement notre comportement. C'est certain, nous n'arrivons pas toujours à être le parent que nous voudrions être. Il y a des jours plus difficiles que d'autres et il faut nous montrer tolérants envers nous-mêmes.

Le but n'est pas d'être un parent parfait mais un parent qui comprend ce qui aide son enfant à grandir, apprendre et s'épanouir. Un parent qui comprend que crier est inefficace et n'aide nullement ses enfants à intégrer quoi que ce soit mais que, malgré tout, cela peut nous arriver à tous !

Bien évidemment, il est cependant important de poser des limites claires à nos propres comportements. J'accepte qu'il y ait des jours plus difficiles que d'autres mais il y a des limites que je ne vais pas dépasser. Quoi qu'il arrive, je ne veux pas faire mal physiquement ou psychiquement à mon enfant. Je ne veux pas qu'il se sente agressé ou menacé par mes mots ou par mes gestes.

Si ces moments d'irritabilité sont très fréquents, saisissez cette occasion pour vous demander ce qui se passe. Une trop grande tension quotidienne en vous est un signal qu'il convient d'écouter. Plutôt que de vous critiquer, essayez d'en faire quelque chose et de comprendre pourquoi vous êtes si souvent dans cet état-là. Vous trouverez des pistes afin de pousser la réflexion plus loin dans le chapitre « Comment moins crier sur nos enfants ? », p. 37.

Ayez une idée claire du type de parent que vous voulez être. Cela va vous aider à progresser et vous diriger sur la voie que vous souhaitez. Il est important d'avoir un certain degré d'exigences, nos enfants méritent le meilleur de nous-mêmes. Mais sur ce chemin, acceptez les jours plus difficiles et soyez tolérant envers vous-même.

Rappelez-vous, nous ne cherchons nullement la perfection ! Nous cherchons une parentalité consciente, authentique et humaine. Faisons alors un doux mélange entre attentes et tolérance, et choisissons une parentalité réaliste.

Comment moins crier sur nos enfants ?

Nous venons de le voir, il nous arrive à tous de crier. Il est important d'accepter ces jours plus difficiles mais il est également primordial de gagner en conscience et en connaissance de nous-mêmes. Plus nous comprenons pourquoi nous crions, plus nous pourrons agir sur ce comportement afin de le changer. Parce que même si nous voulons être tolérants envers nous-mêmes, nous savons que crier trop fréquemment nous fait du tort ainsi qu'à nos enfants. Essayons donc de comprendre quels sont les déclencheurs et les raisons qui nous poussent parfois à réagir de la sorte.

Pourquoi crie-t-on ?

Nous pensons que c'est efficace

Bien que la plupart des parents reconnaissent que crier n'est pas idéal, nous avons souvent, au fond de nous, l'impression que c'est efficace. Nous nous surprenons d'ailleurs à dire des phrases telles que : « Il pousse le bouchon trop loin ! Il faut qu'il comprenne ! » ou encore « Je ne peux pas le laisser faire, il doit apprendre. » Dans ces moments-là, nous pensons donc que crier va aider nos enfants à apprendre et comprendre ce qu'ils peuvent faire ou pas.

Mais qu'enseignons-nous réellement à nos enfants lorsque nous leur crions dessus ? Prenons un instant pour analyser cela.

Modèle d'identification

Lorsque nous crions, nous donnons un modèle à nos enfants. Nous leur montrons que dans les moments de frustration, de colère ou de conflits, c'est OK de crier ! Nous leur apprenons que quand quelqu'un ne veut pas faire ce que nous voulons ou ne nous écoute pas, une des options est de lui crier dessus. Nos enfants s'en vont alors à l'école ou à la crèche avec cet apprentissage et auront tendance à faire pareil avec leurs pairs.

Impact sur leur estime d'eux-mêmes

Lorsque nous crions, nous sommes souvent dans un état de tension élevée. Nous sommes envahis par une émotion et nous ne nous contrôlons parfois plus très bien. Dans ces moments, nous avons peut-être tendance à dire des choses qui dépassent notre pensée : « T'es insupportable, t'es chiante, t'es maladroit, t'es stupide », etc.

Bien évidemment, cela affecte directement l'estime de soi de nos enfants, qui vont intérioriser ces mots et les utiliser comme des adjectifs qui les définissent. Un enfant qui se sent dévalorisé ne va pas mieux se comporter pour satisfaire les exigences de son parent. Au contraire, il va souvent tester le lien en étant encore plus opposant ou agité afin de voir si ses parents l'aiment quand même. Donc plus un enfant se sent mal dans sa peau et a une faible estime de soi, plus il aura tendance à être défiant.

Faites donc toujours attention à :

1) Différencier l'enfant du comportement : « Là, ton comportement m'a énervé » et non pas « tu es insupportable. » C'est le comportement qui vous déplaît, pas votre enfant.

2) N'utilisez pas d'étiquettes : « Tu es bête, stupide, etc. »

3) Privilégiez le « Je » à la place du « Tu » : « JE suis très fâchée » plutôt que « TU es insupportable. »

Un impact sur la relation et la collaboration

Crier sur nos enfants a un impact réel sur la relation que nous construisons avec eux. Imaginez un instant que votre partenaire, votre supérieur ou un collègue vous crie dessus régulièrement… Comment vous sentiriez-vous ? Auriez-vous envie de coopérer, d'écouter ou de dialoguer ? Sans doute pas. Il en va de même pour nos enfants.

Si nous souhaitons qu'ils nous écoutent, qu'ils apprennent et qu'ils coopèrent, il est essentiel de prendre soin du lien qui nous unit à eux. Ce lien est le canal par lequel passent nos messages, nos valeurs, notre guidance. Plus ce pont est fort et nourri, plus ils seront réceptifs. À l'inverse, crier affaiblit ce lien, abîme la confiance et rend la communication bien plus difficile et les conflits plus fréquents.

Cela ne signifie pas qu'il faut toujours rester calme ou ne jamais être en colère. Ressentir des émotions fortes arrive à tout le monde. Nous avons le droit de ressentir toutes les émotions, mais pas de les exprimer n'importe comment. Ce que nous enseignons à nos enfants, c'est aussi la façon d'exprimer ces émotions. Nous pouvons être en colère sans crier, sans blesser, sans faire peur. Nous n'avons pas besoin de hausser le ton pour être entendus. Notre message gagne en force lorsqu'il s'appuie sur le respect, la confiance et la connexion.

Création d'une armure et d'un cercle vicieux négatif

Plus nous crions sur nos enfants, plus ils seront blessés et plus ils créeront une armure de protection pour se défendre. Nous aurons alors l'impression que nos cris ne les atteignent plus, qu'ils s'en fichent et nous penserons qu'il est nécessaire de crier plus fort pour que nos enfants nous écoutent. Et c'est vrai, car les enfants ont appris à réagir uniquement à nos cris et non pas à nos mots. C'est donc un cercle vicieux négatif qui s'est créé. Mais à chaque fois, c'est une blessure en plus qu'on inflige à nos enfants et qui les éloigne progressivement de nous. Il est primordial alors de rompre ce cercle vicieux en arrêtant véritablement de crier. La relation doit repartir sur de nouvelles bases où bienveillance, communication mais aussi clarté et fermeté (sans crier) seront vos meilleures alliées.

On augmente leur niveau de stress

Lorsque nous crions, nous provoquons chez l'enfant une montée de stress. Son cerveau, en état d'alerte, libère des hormones comme le cortisol et l'adrénaline. L'enfant peut alors réagir de différentes manières : en pleurant, en riant, en devenant agité, en criant à son tour.

Ces comportements sont souvent interprétés comme de la provocation, alors qu'il s'agit en réalité d'une tentative de l'enfant pour évacuer son stress. Un enfant qui subit trop fréquemment ce stress peut basculer dans un mode « combat, fuite ou inhibition » :

- Combat : il devient plus agressif et opposant.
- Fuite : il cherche à éviter le conflit en se refermant sur lui-même ou en s'agitant.

- Inhibition : il cesse de réagir, mais intérieurement, il accumule de la tension.

Ce stress chronique peut avoir des répercussions sur son comportement à la maison, à l'école et dans ses relations sociales.

Nous voyons donc que crier n'apprend rien à nos enfants. Pire encore, cela accentue les comportements que nous cherchons justement à éviter. Le fait de crier nous soulage parfois momentanément mais ce n'est clairement pas efficace. Comprendre que crier n'aide pas nos enfants à grandir, et qu'au contraire cela peut les rendre plus opposants, agités ou fermés à la coopération, est une prise de conscience essentielle. Lorsque nous savons qu'un comportement aggrave la situation, nous sommes naturellement plus motivés à le modifier.

Prendre conscience que nos cris ne servent pas notre objectif nous pousse à adopter des approches plus respectueuses, plus efficaces et, surtout, qui préservent la qualité du lien avec nos enfants. Ce lien est la clé pour qu'il puisse nous écouter, apprendre et se sentir en sécurité.

Cela dit, crier peut arriver à tout parent. Il ne s'agit pas de se juger, de se culpabiliser ou de s'autoflageller mais de comprendre que c'est probablement un signal de fatigue, de stress, ou d'autre chose encore comme nous le verrons plus loin dans ce chapitre. L'idée est de pouvoir en comprendre la raison et d'apprendre à exprimer tout cela autrement qu'à travers des cris.

Voyons maintenant ensemble quelles sont les autres raisons qui nous amènent parfois à crier.

On est en colère

Combien de parents me disent : « J'ai crié car j'étais en colère. » Nous pensons, à tort, que pour ne pas crier, il faudrait ne jamais être en colère. C'est impossible ! Nous ne pouvons pas nous empêcher d'être en colère ou de ressentir une émotion. Nous ne pouvons pas choisir nos émotions mais nous pouvons choisir comment les exprimer. Or, il y a mille et une façons d'exprimer sa colère et de la communiquer à la personne en face de nous. Apprenons à manifester autrement notre colère, notre frustration et notre stress qu'à travers des cris.

Mais comment faire ? Commençons par prendre conscience de ce qui se passe. « Pourquoi suis-je en colère ? Parce qu'il y a trop de stress en moi ? » Si oui, il s'agit alors de respirer un coup, de relâcher notre tension et de garder en tête que notre enfant n'est pas la source de cette colère. Par contre, si vous êtes en colère parce que votre enfant vous a tapé ou insulté, alors il est bien naturel de ressentir cette émotion envers lui. Vous devez lui communiquer clairement et fermement que vous n'êtes pas d'accord, mais sans hurler.

Écoutez votre colère, essayez de comprendre d'où elle vient et exprimez-la de façon constructive. N'oubliez pas que votre enfant apprend en vous regardant, en vous imitant. Ainsi, si vous exprimez votre colère de façon constructive et non violente, il apprendra à faire pareil.

Le trop-plein de tensions

Vous êtes en train de cuisiner, votre enfant vous sollicite et vous recevez un appel en même temps. Votre enfant continue à vous parler et les légumes se mettent à brûler sur la poêle pendant que votre collègue vous pose des questions administratives au téléphone. Dans ces moments de trop-plein, nous déchargeons souvent sur nos enfants notre stress accumulé.

Il s'agit donc d'apprendre à détecter ces moments où la tension monte en nous et de dire stop. On demande au collègue de rappeler plus tard, on enlève les légumes du feu, on respire un coup et on recommence en ne faisant pas trop de choses à la fois. Il y a toujours une solution pour faire autrement. Le multitâche est une des pires sources de stress qui soient. L'exemple le plus frappant est lorsque nous avons notre téléphone à la main alors que nous sommes avec nos enfants.

Si le trop-plein de stress peut surgir brutalement, la tension peut aussi s'accumuler en nous petit à petit au fil des heures et durant la journée. Si nous ne prenons pas le temps de la décharger, nous rentrons chez nous telle une Cocotte-Minute prête à exploser. Il est primordial de faire un peu de prévention et de souffler de temps en temps dans nos journées afin de relâcher le stress –, une pause à midi, un peu de respirations lentes, un moment dehors, etc. Ne vous laissez pas arriver au bord de la crise de nerfs à 18 h et déverser toute votre tension sur vos enfants.

Notre enfant ne nous écoute pas

Lorsque nos enfants ne nous écoutent pas, cela peut générer énormément de frustrations en nous et nous finissons par crier pour les faire réagir. Mais cela est souvent inefficace et contre-productif. Pour approfondir cette question, comprendre comment communiquer efficacement et être entendu, rendez-vous dans les chapitres « Une communication efficace » et « Mon enfant ne m'écoute pas ! », p. 129 et p. 137.

On va être en retard

Le stress d'être en retard nous fait souvent exploser. Trois solutions pour éviter cela. Tout d'abord, prévoyez suffisamment de temps de préparation. Organisez-vous de façon à ne pas vous retrouver trop souvent à n'avoir plus que 3 minutes pour habiller votre enfant par exemple. N'oubliez pas que nos enfants ne se préparent pas à la même vitesse que nous ! Deuxièmement, rappelez-vous que le fait de crier va stresser votre enfant et empirer la situation. En effet, un enfant stressé pleure souvent plus, s'agite et est plus impulsif. En avoir conscience vous aidera à vous réguler, prendre une bonne inspiration et parler plus calmement à votre enfant afin de gagner en efficacité. Troisièmement, relativisez : ce n'est pas la fin du monde si vous êtes exceptionnellement en retard de quelques minutes. Cela fait partie de la vie et de ses imprévus.

Les changements hormonaux

Nos hormones ont un effet sur nos humeurs et nos comportements, mais nous avons tendance à l'oublier !

Chez les femmes, cet impact hormonal se fait parfois encore plus ressentir après les grossesses. On ne peut pas changer notre cycle hormonal, mais on peut en avoir conscience. Lorsque vous sentez que votre taux d'irritabilité est à son sommet, posez-vous la question : « Où est-ce que j'en suis dans mon cycle ? » Je demande souvent à mes patientes de noter dans leur agenda quand elles ont un pic d'irritabilité ou de fatigue et de voir si cela correspond à un moment particulier de leur cycle. Cela leur permet de réaliser ce qui se passe en elle et de s'apaiser. En effet, comprendre l'origine d'un comportement nous tranquillise souvent. Cela nous permet également de nous offrir ce dont nous avons besoin sur le moment : un peu de douceur et de repos, par exemple.

Mais les femmes ne sont pas les seules à avoir des changements hormonaux. Les hommes ont également de variations hormonales même si celles-ci sont moins cycliques et prévisibles que chez la femme. La testostérone suit principalement un rythme quotidien : elle est plus élevée le matin et baisse dans l'après-midi et le soir. Cela peut expliquer certaines variations d'humeur ou de motivation au fil de la journée. Être à l'écoute de ces fluctuations, tant chez l'homme que chez la femme, peut donc aider à mieux se comprendre soi-même, à mieux se ressourcer et à mieux communiquer en famille.

Nos besoins

Nos besoins de base jouent un rôle essentiel dans notre régulation émotionnelle. Plus nous nous sentons bien et reposés, plus nous arrivons à gérer nos émotions et nos frustrations.

Si nos réservoirs ne sont pas rechargés, nous avons beaucoup moins de ressources pour faire face au stress et aux difficultés du quotidien et alors plus tendance à crier sur nos enfants. Il est donc indispensable de se rappeler de l'importance de prendre soin de nous pour accompagner nos enfants de façon bienveillante et respectueuse. Référez-vous au chapitre sur les besoins des parents p. 20 pour prendre conscience de ce qui vous ressource et vous accorder des moments pour prendre soin de vous.

Nos insatisfactions

La vie est faite de moments d'insatisfaction plus ou moins longs. Parfois, c'est notre travail qui ne va pas, ou un projet qu'on avait en tête, ou nos relations d'amitié, de couple, etc. Or, il peut arriver que l'on ressorte cela sur nos enfants.

Par exemple, votre patron vous énerve jour après jour, vous n'en pouvez plus mais vous ne lui dites rien. Vous rentrez chez vous le soir et au moindre petit « faux pas » de votre enfant, vous explosez. Est-ce vraiment le comportement de votre enfant qui explique vos cris ou est-ce cette accumulation de colère, de tristesse, de frustrations et d'insatisfactions au travail que vous gardez à l'intérieur de vous ?

Les insatisfactions font partie de la vie. Mais elles nous délivrent un message. Elles nous disent que quelque chose ne va pas, qu'il faut réajuster le tir afin de nous construire une vie qui nous convienne mieux. Si vous vous sentez souvent sur les nerfs, plutôt que d'évacuer ces insatisfactions en criant sur vos enfants, demandez-vous ce qui se passe. Votre travail ne vous plaît plus, votre relation de couple est conflictuelle, vous avez l'impression de toujours courir ? Regardez ces éléments qui vous dérangent et vous pèsent afin de prendre certaines décisions et faire des changements plutôt que de rester dans ces insatisfactions et simplement ressortir votre frustration sur votre enfant.

> Les moments de crise et d'insatisfaction dans nos vies sont souvent des opportunités pour nous remettre en question, discuter, grandir, faire des ajustements et des choix. Ce sont des moments qui nous reconnectent à nous-mêmes et nous donnent des pistes pour aligner notre vie avec notre individualité.

Nos blessures d'enfance et nos traumatismes

De nombreux parents ont connu ce moment où ils réagissent de façon complètement disproportionnée aux comportements de leurs enfants. Nous nous transformons en furie, nos enfants deviennent l'ennemi et nous ne comprenons plus très bien ce qui se passe. Cela peut être dû bien sûr à un trop-plein de fatigue ou de stress. Mais parfois, c'est parce que les comportements de nos enfants réactivent en nous des plaies très profondes. Cela vient toucher une blessure intérieure, une émotion contenue, une colère, une tristesse…

La route à prendre pour comprendre ces réactions est souvent celle de notre enfance et de nos blessures. Prenons quelques exemples pour mieux comprendre.

Le père d'un de mes patients se sentait terriblement en colère dès que son enfant ne l'écoutait pas ou ne le respectait pas. Lorsqu'il est parti à la recherche de ce que cela venait toucher plus profondément en lui, il s'est rappelé la relation qu'il entretenait avec son propre père. Un père absent, qui ne l'écoutait pas et ne s'intéressait pas beaucoup à lui. Lorsque son fils ne l'écoutait pas, il revivait la sensation de rejet et de colère de son enfance. Toute la colère et la tristesse qu'il avait accumulées en lui à l'époque ressortaient aujourd'hui envers son fils. Ayant compris cela, il a pu rendre à César ce qui appartenait à César. Cette colère et cette tristesse appartenaient à la relation qu'il entretenait avec son père et non à celle qu'il a aujourd'hui avec son fils.

Une mère me raconta qu'elle avait grandi avec un père alcoolique et qu'il n'y avait pas de place pour elle, ses peurs, ses colères, sa tristesse. Toute la place était prise par ce père désinhibé et déprimé. Elle ne devait pas faire de vagues car il y avait déjà tant à porter avec ce père malade. Son déclencheur était quand son enfant se montrait très peu empathique et sensible à ses émotions. Dans ces moments, elle revivait le sentiment qu'elle n'était pas importante, que personne ne se préoccupait d'elle et elle perdait le contrôle de ses réactions en déchargeant sur sa fille la tristesse et la colère qu'elle n'avait pas pu exprimer en étant enfant.

Un père me raconta les maltraitances physiques infligées par son père et comment il devait retenir ses larmes pour ne pas aggraver la situation. Pour survivre, il avait appris qu'il ne devait pas montrer sa tristesse ni sa colère. Son déclencheur était lorsque son fils exprimait une émotion de tristesse ou de colère. Être confronté à ces émotions si intenses qu'il n'avait jamais pu exprimer en tant qu'enfant lui faisait perdre pied. Dès qu'il a pris conscience de cela, il a pu rompre la chaîne de la maltraitance et accompagner son fils face à ses émotions.

Une de mes patientes avait dû se comporter en petite fille parfaite, sans crier ni faire de crise, durant toute son enfance. Elle ne supportait pas quand son enfant faisait une crise ou n'était pas très poli, et réagissait de la même façon que ses parents réagissaient envers elle petite. La seule chose qui comptait était le regard des autres et cela lui faisait perdre de vue son enfant. Ayant compris cela, elle a pu prendre du recul et choisir d'accompagner différemment sa fille.

Nous voyons à quel point ces situations réactivent l'enfant en nous. Nous nous déconnectons de notre partie adulte et c'est l'enfant furieux, impuissant, inquiet ou triste qui s'exprime comme il n'a jamais pu le faire auparavant. Nous pouvons masquer tout un tas de choses avant de devenir parents, mais pas après.

Nos enfants repèrent par une sorte de sixième sens ces blessures encore ouvertes. Il est certes difficile d'y être confrontés, mais c'est une formidable opportunité pour panser nos plaies et grandir. Il faut souvent beaucoup de courage pour aller voir ces blessures que nos enfants réactivent malgré eux. Mais cela peut changer nos vies et la leur. Si vous sentez que cela vous concerne, je vous propose d'écouter le podcast « L'enfant intérieur ». Si les souvenirs et la douleur sont trop intenses, n'hésitez pas à vous faire accompagner par un thérapeute dans ce travail.

Et si cela nous arrive quand même ?

Bien évidemment, cela nous arrive à tous de crier. Il ne s'agit pas alors de s'autoflageller et de s'en vouloir pendant des jours mais plutôt d'écouter ce comportement et de se demander ce qu'il dit sur nous, nos besoins, notre niveau de fatigue et de stress mais aussi nos traumas ou encore nos croyances. Apprenons à écouter ce signal afin de mieux comprendre pourquoi nous crions et comment y remédier.

Devrions-nous nous excuser ?

Oui ! Nous pouvons et nous devrions tout à fait dire à nos enfants : « J'étais vraiment fâchée que tu parles de la sorte à ton frère mais je n'aurais pas dû te l'exprimer ainsi. Je n'aurais pas dû te crier dessus et mal te parler. Je suis vraiment désolée. » Nous nous excusons donc sur la forme utilisée mais pas sur le fond. En nous voyant nous excuser, nos enfants apprennent à faire de même dans leurs relations sociales. Ils apprennent également qu'on a tous le droit d'être en colère mais pas de l'exprimer de n'importe quelle façon. En effet, s'ils nous voient crier sur eux, pourquoi serait-ce légitime de leur dire de ne pas crier sur les autres ou de ne pas banaliser quand quelqu'un d'autre leur crie dessus ? Il est donc important de donner un modèle à nos enfants qui leur permette de développer des schémas d'interactions sains et constructifs !

Nous avons vu qu'afin de moins crier, il est important de comprendre quels sont nos déclencheurs. Plus les raisons et les causes sont claires, plus nous pourrons agir sur ce comportement.

En complément, n'oublions pas non plus ces quelques points clés.

Se donner du temps

C'est probablement la première fois de votre vie que vous avez affaire à autant de fatigue et de stress. Gérer tout cela sans crier est un apprentissage. Il nous paraît évident que pour changer la musculature de nos jambes ou de nos abdominaux, il faut du temps et de l'entraînement. Cependant, concernant nos comportements, nous pensons que les changements devraient être immédiats. Nous avons décidé de moins crier, nous n'y arrivons pas et nous nous disons que nous sommes nuls. C'est comme abandonner la musculation après avoir fait deux jours d'abdos sans avoir vu de changement sur notre ventre. Soyez patient et persévérant, entraînez-vous et vous verrez que, petit à petit, vous perdrez le réflexe de crier et aurez un bien meilleur contrôle sur vos comportements. Laissez-vous le temps de progresser dans ce domaine et vous aurez de merveilleuses surprises découlant de votre beau travail.

S'offrir de la tolérance

Comme nous l'avons vu, pour être dans une parentalité réaliste, il faut associer un certain degré d'exigences à de la tolérance. Avoir des objectifs précis tout en acceptant que, parfois, nous n'arrivons pas à être le parent que nous aimerions être. Il y a bien sûr certaines limites que nous ne voulons pas franchir mais, à l'intérieur de ce cadre, il arrive que nous ne réagissions pas toujours comme nous le voudrions. Si nous n'avons pas de tolérance envers nous-mêmes et que nous croulons sous la culpabilité, nous nous épuisons. Trop d'exigences nous écrasent et ne nous permettent pas de progresser. Offrez-vous donc de la tolérance, tout en gardant vos objectifs en vue, pour avancer sur le chemin de la parentalité.

S'aimer pour pouvoir aimer

Malgré tous les changements que nous essayons de mettre en place, quelque chose nous empêche parfois de modifier nos comportements et rend le respect envers nos enfants difficile. Une force tenace nous retient d'aller vers la bienveillance. Cette force, c'est la blessure en nous. Ce sont ces mots durs que nous avons entendus enfant, cette maltraitance que nous avons subie, ces cris qu'on nous a imposés, cette solitude ou cette distance relationnelle qui nous retiennent aujourd'hui parfois d'être dans l'empathie et la douceur envers nos enfants.

Alors ? Comment faire ? Comment donner cet amour qu'on n'a pas toujours reçu ? Ce respect dont on a manqué ? Nos traumatismes et nos blessures peuvent nous déconnecter de nos émotions, de notre individualité profonde, de la douceur, de l'amour. C'est une protection, un mur, dont nous avons eu besoin enfant pour survivre face aux cris, à la dureté ou à la solitude mais que nous allons pouvoir déconstruire petit à petit aujourd'hui en tant que parents afin d'accompagner nos enfants avec bienveillance. Je suis psychothérapeute et je vois chaque jour les blessures que les gens ont subies au plus profond d'eux-mêmes et à quel point il peut être impressionnant et difficile de se confronter à nouveau à nos douleurs les plus enfouies. Mais je sais aussi combien on peut guérir de cela et quelle plus grande motivation existe-t-il que de pouvoir apporter à nos enfants ce que nous n'avons pas reçu ?

Regardez-vous le temps d'un instant, ce que vous avez vécu, ce que vous avez traversé. Mettez sur pause et apportez à votre enfant intérieur, à vous-même, cette douceur et cette bienveillance que vous n'avez pas connues. Prenez soin de vous et de vos blessures afin de changer le cours de choses et d'accompagner votre enfant comme vous auriez réellement voulu l'être vous-mêmes.

Et si l'une des plus belles choses que l'on pouvait offrir à nos enfants, c'est de commencer par nous aimer nous-mêmes ? De prendre soin de nos blessures et de nous apporter cette bienveillance pour ensuite transmettre à nos enfants tout l'amour dont ils auront besoin pour grandir dans ce monde en se sentant en sécurité et aimés.

Partie 2

Nos enfants

Mieux comprendre nos enfants : leur développement, leurs besoins, leurs émotions

Lorsqu'on parle de parentalité, on pense souvent à ce que nous devons faire ou dire en tant que parents et à ce que nous voulons apprendre à nos enfants. Mais avant tout, il est fondamental de se demander : à qui parlons-nous ? À qui voulons-nous transmettre, guider, enseigner ? Un enfant n'est pas un adulte en miniature. Il est un être en construction, avec un cerveau encore immature, des émotions qu'il découvre, et des besoins parfois différents de ceux d'un adulte. Dans la plupart des relations humaines, on adapte naturellement notre manière de communiquer à la personne que l'on a en face de soi. On n'apprend, par exemple, pas à jouer au tennis de la même manière à des enfants de 5 ans qu'à des adultes de 50 ans. De même, l'enseignement des mathématiques ne sera pas le même pour des personnes n'ayant jamais suivi de scolarité secondaire que pour des étudiants dans ce domaine à l'université. Chaque apprentissage doit s'adapter à celui qui le reçoit. Et pourtant, en parentalité, nous oublions souvent ce principe fondamental. Nous avons parfois des attentes irréalistes qui ne tiennent pas compte de l'âge de nos enfants et de leur stade de développement. Or, sur le plan cognitif, physiologique et émotionnel, un enfant est profondément différent d'un adulte. C'est en partant de cette connaissance que nous pourrons les accompagner avec bienveillance et sans attentes irréalistes. Pour leur apprendre, les accompagner et les guider, il est donc essentiel de comprendre comment ils fonctionnent : leur développement, leurs besoins, leurs émotions, et les raisons qui sous-tendent leurs comportements.

Plus nous comprendrons nos enfants, plus notre approche éducative sera adaptée et efficace. Regardons cela de plus près.

Le développement des enfants

Changeons de regard sur l'enfant

Une des choses que l'on oublie le plus souvent en tant que parents, c'est que nos enfants sont des enfants. On s'attend parfois à ce qu'ils gèrent leurs frustrations comme un adulte, qu'ils puissent se préparer en quatrième vitesse comme nous ou encore qu'ils écoutent et sachent enchaîner la liste des choses à faire sans difficulté. On oublie, si fréquemment, qu'ils n'ont pas encore l'équipement cérébral, l'expérience et les compétences d'un adulte. Les enfants sont en plein développement et en plein apprentissage. Il nous paraît, d'ailleurs, tout à fait naturel qu'un enfant de 5 ans ne sache pas lire comme un adulte ou qu'un enfant de 3 ans ne parvienne pas à faire du vélo comme une personne de 25 ans. Nous savons que toutes ces activités et ces compétences se développent petit à petit avec le temps, l'entraînement et l'expérience mais également grâce à la maturation cérébrale et motrice.

Pourtant, en ce qui concerne les comportements, la gestion des émotions et la communication de nos enfants, nous avons un tout autre regard et des attentes bien différentes.

En effet, lorsqu'un enfant fait une crise, nous pensons qu'il teste les limites et qu'il nous manipule, et non que cette réaction est due, en partie, à son immaturité cérébrale et communicationnelle. Il nous paraît normal et compréhensible qu'un enfant de 9 ans ne sache pas faire une dissertation mais pas qu'il ne parvienne pas à réguler ses émotions comme nous. De même, il nous paraît logique et compréhensible que la plupart des ados ne sachent pas gérer un budget familial mais pas qu'ils aient du mal à gérer leur impulsivité ou leurs devoirs. Pourquoi ? Pourquoi comprenons-nous qu'un enfant de 6 ans n'arrive pas à se faire à manger seul mais pas qu'il ne sache pas écouter, se concentrer ou se réguler comme un adulte ? Probablement parce que nous avons appris à interpréter les comportements et les réactions émotionnelles de nos enfants comme des caprices et de la manipulation.

En effet, la plupart d'entre nous avons baigné dans une culture ou une famille marquée par l'idée que l'enfant est un petit être capricieux qui nous provoque afin d'obtenir toujours plus. Notre rôle de parent serait de ne pas le laisser gagner et de lui montrer qui décide. Nous avons appris à voir la relation parent-enfant comme un rapport de force, de pouvoir et de domination et à interpréter les comportements des enfants comme un test des limites.

Dans ma pratique de psychologue comme dans ma vie de parent, je vois tous les jours à quel point ce regard sur l'enfant et l'éducation est encore très ancré en nous. Dès qu'un enfant n'écoute pas, c'est qu'il provoque ; dès qu'il refuse de faire quelque chose, c'est qu'il teste les limites ; dès qu'il pleure, c'est qu'il fait un caprice.

Pourtant, les nouvelles connaissances scientifiques sur l'enfant, et plus particulièrement celles en neurosciences, nous ont révélé que la majorité de ces comportements sont dus au fait que son cerveau et ses compétences sont en plein développement. L'enfant n'est pas un adulte miniature. Il est en train de se développer, d'apprendre et de grandir. C'est pourquoi il ne parvient pas à faire certaines activités comme un adulte (écrire, lire, conduire, gérer un budget, etc.) mais également pourquoi il ne se comporte pas, ne communique pas et ne se régule pas comme nous.

Si nous souhaitons réellement comprendre l'enfant et ses comportements, il faut donc abandonner ces idées préconçues sur l'enfant manipulateur et capricieux – qui n'ont aucun fondement scientifique – et s'intéresser à son développement et à ce qui le différencie de nous.

Quelles sont les principales différences entre l'enfant et l'adulte ?

En nous penchant sur ces différences, nous allons pouvoir mieux comprendre les enfants et le pourquoi de leurs comportements et de leurs réactions. Regardons cela d'un peu plus près.

Le cortex préfrontal

Le cerveau d'un enfant diffère de celui d'un adulte. Il est encore en développement, notamment une zone qui s'appelle le cortex préfrontal. Cette partie du cerveau est impliquée dans de nombreux comportements chez l'être humain et arrive à maturité seulement vers l'âge de 25-30 ans !

Détaillons ce que nous permet, entre autres, le cortex préfrontal.

Inhiber un comportement

Le cortex préfrontal nous permet de nous retenir de faire ou de dire quelque chose. De par l'immaturité de cette zone cérébrale, les enfants ont encore de la peine à inhiber un comportement. Cela amène, par exemple, les plus petits à taper ou à utiliser des mots inadéquats ou les plus grands à dire ou à faire certaines choses de façon impulsive.

Avoir de la flexibilité mentale

Si nous sommes flexibles mentalement, nous parvenons à renoncer à une idée pour en accepter une autre. Par exemple, si vous vouliez aller à la piscine mais qu'il pleut, la flexibilité mentale va vous permettre de vous adapter et de trouver une autre activité possible par ce temps. Or, cette flexibilité mentale peut être compliquée pour les enfants. En effet, ils peuvent se montrer rigides et avoir de la difficulté à lâcher l'idée qu'ils avaient en tête : « Je ne veux pas aller au magasin, je veux aller au parc ! », « Je veux une glace ! ». Lorsqu'ils se sont imaginé quelque chose, il est complexe pour eux d'en démordre et de passer à autre chose. Cela est dû à leur cerveau qui est encore en développement et non à un caprice.

Anticiper

Notre capacité d'anticipation nous aide à bien des égards dans notre quotidien. Nous pouvons, par exemple, partir 10 minutes plus tôt lorsque nous savons qu'il y a du trafic sur la route. Cette capacité d'anticipation croît avec l'âge, l'expérience et la maturation du cortex préfrontal.

Pour les enfants, il peut donc être difficile d'anticiper. On peut le constater le matin lorsqu'ils se préparent ou dans l'organisation de leur travail, par exemple. Un plus petit aura ainsi peut-être du mal à comprendre que si nous n'avançons pas plus rapidement sur le chemin de la crèche, nous allons être en retard. Alors que nous sommes totalement stressés et sur le point de commencer à courir, il va nous dire : « Attends, regarde, il y a un papillon. » Il ne le fait pas pour nous embêter. Il n'a simplement pas encore les mêmes capacités d'anticipation que nous.

Planifier

La planification nous permet d'établir l'ordre des étapes à suivre pour atteindre un objectif. Vous savez, par exemple, tout ce que vous devez effectuer pour vous préparer le matin (douche, habillement, petit déjeuner, brossage de dents, etc.) ou pour réaliser une recette de cuisine. Leur cerveau étant immature, les enfants ont plus de mal à imaginer ces séquences et à les mettre en œuvre. Par exemple, l'habillement chez un tout-petit peut être très complexe car il peine à avoir en tête les différentes séquences nécessaires à cette tâche. Le rangement de la chambre peut également être compliqué : par où commencer et comment procéder ? Chez un plus grand, on peut notamment retrouver cette difficulté dans la résolution d'un problème de maths ou dans l'organisation de son travail scolaire.

Maintenir notre attention et notre concentration

Cette partie du cerveau nous permet de rester attentifs à une consigne, une tâche ou une conversation tout en ne nous laissant pas trop distraire par ce qui se passe autour de nous. Lorsque nous demandons, par exemple, à nos enfants de se préparer pour aller à l'école et qu'ils arrêtent tout à coup de s'habiller pour jouer à leur Lego, c'est qu'ils ont perdu le focus. Ils ont besoin de nous, par moments, pour les aider à maintenir leur attention sur ce que nous leur avons dit ou demandé. Ce n'est pas de la provocation, c'est de l'immaturité cérébrale.

Réguler nos émotions

Le cerveau des enfants étant immature, il est plus difficile pour eux de se réguler émotionnellement que pour un adulte. L'émotion peut rapidement les envahir et ils peinent à en sortir. La « crise » est un des exemples les plus parlants de la différence entre le cerveau de l'enfant et celui de l'adulte. En effet, face à de la frustration, de la faim ou de la fatigue, nous parvenons à ne pas nous rouler par terre et hurler. Notre cerveau nous permet de calmer l'intensité émotionnelle, ce qui n'est pas le cas chez le tout-petit. L'enfant ne choisit pas de se comporter ainsi, il est envahi par un trop-plein et, étant donné son immaturité cérébrale, il n'arrive pas à se réguler comme un adulte le ferait.

Nous voyons qu'un grand nombre de comportements chez l'enfant sont liés non pas à de la mauvaise volonté, à une opposition ou de la provocation, mais simplement au fait qu'ils n'ont pas encore les mêmes outils et la même maturité cérébrale qu'un adulte.

Les moyens de communication

Lorsqu'un enfant pleurniche, râle, se roule par terre et ne veut pas prendre le bain, nous nous énervons comme si nous avions un adulte face à nous et que nous attendions de lui qu'il puisse nous dire de manière posée comment il se sent et ce dont il a besoin.

L'enfant ne sait pas encore s'exprimer ainsi. Il est en train d'apprendre. Nous crions sur notre ado qui claque la porte mais c'est le même phénomène. Son immaturité cérébrale et le fait que ses compétences communicationnelles ne sont pas encore celles d'un adulte font qu'il n'arrive pas encore à nous dire : « Écoute, maman, je suis vraiment frustrée que tu ne me laisses jamais de liberté et qu'en plus tu me demandes de ranger ma chambre chaque jour. J'aimerais vraiment que tu aies plus confiance en moi et que tu sois plus tolérante. »

Bien communiquer est un apprentissage lié à l'expérience et au développement cérébral. Pour ce faire, il faut pouvoir :

Identifier ce qui se passe en nous ou à l'extérieur

Nos enfants ne se connaissent pas encore suffisamment pour pouvoir partager ce qu'ils vivent. En effet, pour pouvoir dire « Je suis frustré, triste, en colère ou stressé » ou bien « J'ai faim » ou « Je suis fatigué », il faut tout d'abord pouvoir identifier cette sensation en soi, connaître le mot qui la décrit et ensuite la communiquer à son entourage. Cela demande de nombreuses compétences. Un enfant peut, par exemple, être extrêmement fatigué sans pouvoir le verbaliser car il ne sait pas encore identifier et nommer cette sensation en lui.

De même, un plus grand peut se sentir très stressé et avoir mal au ventre sans savoir que cela est en fait du stress et sans pouvoir l'exprimer verbalement autour de lui. Par conséquent, il ne suffit pas d'avoir un vaste vocabulaire pour pouvoir communiquer. Il faut également apprendre à se connaître.

Trouver les mots pour décrire ce que l'on ressent

Les enfants n'ont pas encore le même vocabulaire que nous et n'ont donc pas les mêmes outils pour nous faire passer un message.

- Réguler ses émotions pour être capable d'accéder à ses capacités de raisonnement et verbaliser ce que l'on vit.
- On l'a vu, l'enfant ne régule pas encore ses émotions de la même façon qu'un adulte. Or, si l'on est envahi par une émotion, il est beaucoup plus difficile de raisonner logiquement et de pouvoir s'exprimer clairement. La communication demande une bonne capacité de régulation émotionnelle qui est, quant à elle, liée en grande partie au développement du cerveau.

> Nos enfants s'expriment donc souvent avec peu de mots (« Mmm », « Je sais pas », « Arrête ») et beaucoup avec le langage corporel.

Étant donné que les enfants communiquent différemment des adultes, notre rôle de parent est, entre autres, de décoder ce qu'ils essaient de nous dire avec leurs moyens, de les aider à identifier ce qui se passe en eux et de leur apprendre à mettre des mots sur cela.

Plus nous aidons nos enfants à verbaliser ce qu'ils vivent et à identifier leurs besoins et ce qu'ils ressentent, plus ils apprennent à le faire progressivement par eux-mêmes.

Un enfant qui apprend à utiliser des mots pour s'exprimer, c'est un enfant qui peut se faire comprendre plus facilement. Il se sentira moins frustré et nous pourrons également plus facilement répondre à ses besoins. En tant que parents, nous avons donc un rôle essentiel à jouer dans l'apprentissage des compétences de communication de nos enfants.

Les apprentissages

Nos enfants sont sur cette terre depuis beaucoup moins longtemps que nous. Ils sont en train d'apprendre et de découvrir tout un tas de choses et n'ont pas encore les mêmes expériences et les mêmes connaissances qu'un adulte.

Un enfant qui court partout dans un restaurant ne sait sans doute pas encore pourquoi on peut courir dans un parc mais pas dans un restaurant. Un enfant qui dit un gros mot ne sait souvent pas ce que celui-ci veut réellement dire. Un ado qui suit des copains pour faire une bêtise qu'il ne veut pas faire ne sait peut-être pas encore comment s'affirmer et dire non face à un groupe d'amis. Nous oublions si souvent que nos enfants sont en train d'apprendre. Ils ont besoin de notre guidance pour savoir ce qu'ils peuvent faire ou non. Ils ont besoin de nous pour comprendre, par exemple, que dans un restaurant on ne peut pas courir partout, mais on peut faire un dessin ou jouer à un jeu de devinette. Ou bien que si on est en colère on n'insulte pas, mais on peut dire qu'on n'est pas d'accord ou qu'on est fâché. Nos enfants sont en train de découvrir comment se comporter dans ce monde, comment résoudre un conflit, comment s'exprimer quand on est contrarié, comment interagir avec les autres et comment gérer leurs émotions. Ils ont besoin de notre accompagnement dans ces nombreux apprentissages.

> N'oublions jamais que face à nous il y a un enfant en train d'apprendre et de grandir et que notre rôle est de l'aiguiller.

La construction de notre rôle de parent

En comprenant que le cerveau n'arrive à maturité que vers l'âge de 25-30 ans et que les capacités cognitives et langagières de l'enfant sont en plein développement, nous acquérons donc un nouveau regard sur l'enfant et l'éducation. Ce regard nous permet de comprendre différemment les comportements de nos enfants et d'adapter notre attitude, nos demandes, nos attentes et nos réactions à leurs capacités et à leurs compétences. Notre rôle de parent ne serait donc pas de dominer un enfant capricieux, mais d'accompagner, d'aider et de soutenir un enfant qui est en train d'apprendre et de se développer. L'éducation n'est pas un rapport de force mais une relation d'apprentissage.

Quelles conséquences ce regard va-t-il avoir sur notre famille ?

Si nous voyons l'enfant comme un petit être qui cherche toujours à obtenir plus, nous allons adopter une attitude défensive. Nous devons nous défendre contre cet enfant qui cherche à nous avoir ! Nous devons le dominer et ne pas céder. L'enfant sent, bien sûr, cette tension et y réagit. Il sent que nous sommes l'un contre l'autre et non l'un avec l'autre. Cela crée bien évidemment plus de stress et de tension en lui ainsi qu'au sein de la relation. Mais il se sent également incompris car nous ne sommes pas en train d'essayer de comprendre ce qu'il essaie de nous dire à travers ses comportements et avec ses moyens. Nous ne sommes pas en train de communiquer ! Nous sommes simplement en train de voir chacun de ses actes comme une tentative de prise de pouvoir contre laquelle il faut se défendre et montrer sa domination. L'enfant est alors pris dans un rapport de force au sein duquel il doit soit se soumettre, soit s'opposer.

En sortant de l'idée que les enfants testent sans arrêt les limites, nous apprenons à voir autrement leurs comportements. Si, par exemple, un enfant fait une crise ou ne veut pas s'endormir, nous devrions essayer de comprendre ce qui se passe plutôt que d'être dans une attitude défensive en pensant que l'enfant essaie de profiter de nous. Ce changement d'attitude et de regard va avoir un impact majeur sur l'enfant et le climat familial. En effet, l'enfant va se sentir entendu, compris et soutenu plutôt qu'agressé et dominé. Or, plus nos enfants se sentent entendus, plus ils sont détendus, apaisés et collaborants. Il y aura moins de conflits inutiles et le climat familial sera beaucoup plus serein et agréable.

Différentes études ont montré que l'empathie, la connexion, le partage et la bienveillance sont comme de l'engrais pour le cerveau. Ils aident certaines parties cérébrales à se développer plus rapidement, alors que les cris, le stress, l'agressivité et les conflits intenses ont, quant à eux, l'effet contraire.

Ce nouveau regard va également créer un deuxième grand changement : comprenant que l'enfant n'a pas le même cerveau que nous et que nous ne pouvons pas attendre de lui qu'il se comporte comme un adulte, nous allons adapter nos attentes et nos demandes à son âge et à ses capacités.

Nous allons discerner les choses qu'il peut faire de celles qu'il ne parvient pas encore à effectuer. Ce n'est pas qu'il ne veut pas ! C'est qu'il n'a pas encore les capacités de le faire. Si nous demandons, par exemple, à un enfant de 3 ans de s'habiller seul et de venir ensuite à la cuisine, cela va probablement être une tâche trop complexe pour lui. Il y a trop de séquences à effectuer et cela demande trop de concentration. Nous allons ainsi le mettre en échec et nous énerver car nous pensons qu'il ne nous écoute pas. Ce n'est pourtant pas vrai. Simplement, notre demande n'est pas adaptée à son âge. Nous aurions meilleur temps de rester dans la chambre avec lui pour le coacher dans le processus d'habillement puis d'aller à la cuisine avec lui. Il en va de même pour un plus grand à qui nous demandons d'arrêter son jeu vidéo dans les 5 minutes. Selon son âge et ses compétences, cela peut s'avérer extrêmement compliqué et il aura probablement besoin de votre aide pour y parvenir efficacement. Ce n'est pas de la provocation ! Son cerveau a encore du mal à faire ce genre de choses. Il est donc primordial de bien comprendre le développement de l'enfant pour que nos attentes soient réalistes et pour ne pas créer des conflits inutiles.

Si nos attentes sont adaptées aux compétences de nos enfants, ils seront plus détendus et en confiance car nous ne les mettrons pas constamment en échec et sous pression. Et c'est un point extrêmement important. Pour avoir envie de grandir et d'apprendre, il faut qu'ils se sentent encouragés. Si tout ce qu'on fait finit par un échec et une engueulade, à quoi bon ?

Par conséquent, il est primordial de demander des choses à nos enfants qu'ils pourront faire et qui les mettront, le plus souvent possible, en situation de réussite. Sinon, ils vont se décourager. Mais si nos attentes sont réalistes et que nous encourageons les enfants, ils se sentiront en confiance, fiers d'eux et seront beaucoup plus collaborants.

Ce changement de regard sur l'enfant et l'éducation va donc modifier notre attitude et l'énergie que l'on dégage. Et cela va avoir un impact considérable sur l'enfant et le climat familial.

Mais alors, c'est tout ?

On va juste le comprendre et le laisser tout faire sous prétexte que c'est un enfant ? Non, absolument pas. Une éducation basée sur la communication et l'accompagnement n'est pas une éducation laxiste et permissive. Ce n'est pas parce que nous essayons de comprendre nos enfants que nous acceptons tout et que nous allons leur dire « Mais oui mon chéri, je comprends que tu tapes car ton cerveau est encore immature. On ne peut rien y faire. » Non ! Cela veut simplement dire que nous regardons les choses différemment. Nous voyons l'enfant comme un être en développement plutôt que comme un petit manipulateur capricieux. Par conséquent, notre attitude va être différente. Nous allons être dans une relation d'apprentissage, de coaching, d'encouragement et de communication plutôt que dans un rapport de force et de pouvoir. Nous passons d'une attitude de peur que nos enfants ne nous obéissent pas à une attitude de confiance dans le fait que nos enfants vont apprendre petit à petit.

Nous allons également apprendre à voir les comportements de nos enfants comme un message plutôt que comme un test des limites. Mais cela ne signifie pas que nous ne mettons pas de limites ! Nous en parlerons d'ailleurs plus amplement dans le chapitre « La question des règles et des limites : que mettre en place ? », p. 176. Ne confondons donc pas une éducation basée sur la communication avec une éducation laxiste.

Pourquoi est-il difficile de changer de regard ?

Cela fait si longtemps que nous baignons dans cette vision de l'enfant capricieux et de l'éducation comme un rapport de force qu'il est bien difficile de changer de regard. Je suis persuadée que, pour faire évoluer notre façon de voir les choses, il est indispensable d'augmenter nos connaissances sur l'enfant et l'éducation. Plus nous serons informés, plus nous pourrons comprendre l'enfant, son développement, ses comportements et ainsi construire un nouveau regard.

Mais les connaissances théoriques ne suffisent pas toujours. Il ne s'agit pas simplement de faire des choses car les sciences nous disent que c'est « bien ». Il s'agit aussi et surtout de croire en ce que nous faisons et de faire un choix. De regarder au fond de nous-mêmes et de nous demander comment nous souhaitons accompagner nos enfants. Est-ce que nous voulons être dans des rapports de force ou est-ce que nous voulons être dans une relation de communication, d'accompagnement et de soutien ? Est-ce que nous voulons leur apprendre à obéir ou est-ce que nous voulons leur apprendre autre chose également ? Est-ce que nous pensons que la bienveillance et le respect peuvent porter leurs fruits ?

Nous vivons dans un monde parfois très dur où certains d'entre nous ont connu la solitude, la maltraitance, l'abus, le manque de respect, la soumission. Nos expériences forgent aussi nos croyances et parfois nous avons eu si mal que nous pensons que c'est uniquement ainsi que nos enfants vont apprendre. À la dure, comme nous. Parfois, nous avons érigé tellement de murs de protection autour de nous qu'il est tout simplement difficile de s'ouvrir à la bienveillance et à la tendresse. Mais au-delà de nos blessures, nous vivons aussi dans une culture où nous avons tendance à croire que l'enfant apprend par la force, et à penser que l'amour, la communication et le soutien créent des enfants capricieux, irrespectueux et trop gâtés.

Ce n'est pas l'amour qui crée cela mais la peur de confronter nos enfants à la frustration, et ce sont deux choses complètement différentes.

Pour changer de regard, il faut donc que nous soyons parfois à contre-courant et intimement convaincus que l'amour, la tendresse, l'écoute et le soutien peuvent apprendre bien plus à nos enfants que n'importe quels cris, pressions ou punitions. Il faut aussi pouvoir aller à la rencontre de notre enfant intérieur, de nos souffrances et soigner nos propres plaies afin de donner à nos enfants ce que nous n'avons pas toujours reçu, devenant le maillon de la chaîne familiale qui change le cours des choses. J'espère de tout cœur que ce livre pourra vous accompagner sur ce chemin.

Les besoins des enfants

Nous avons vu que le regard que l'on porte sur l'enfant et l'éducation est un point central dans la construction de notre rôle de parent. Mais pour bien comprendre nos enfants, il est également essentiel de bien comprendre leurs besoins, ce que nous verrons p. 79.

Le comportement est un signal

Nos enfants sont des êtres vivants et, comme tous les êtres vivants, ils ont besoin d'un certain nombre de choses pour bien se développer, se concentrer, apprendre et grandir. Lorsque ces besoins ne sont pas satisfaits, cela va se traduire dans leur comportement.

Tout comme la terre asséchée d'une plante nous indique qu'elle manque d'eau, certains des comportements de nos enfants vont nous indiquer qu'ils manquent d'attention, de repos ou autre. Plus les réservoirs des besoins de nos enfants sont vides, plus ils risquent de s'agiter, de s'opposer, de faire des crises, d'avoir des peurs, de ne pas se concentrer ou de ne pas écouter. *A contrario*, un enfant satisfait dans ses besoins est un enfant qui se sent bien, qui peut mieux écouter, se concentrer, se réguler, apprendre et jouer. Il sera plus collaborant et détendu, et il aura les ressources nécessaires pour gérer les frustrations et les challenges du quotidien !

Une des premières étapes de la parentalité est ainsi d'apprendre à connaître les besoins des enfants et comprendre l'importance de les respecter dans la mesure du possible.

Apprendre à décoder les comportements

Il est ensuite important de prendre conscience que nos enfants ne vont pas nous livrer l'information sur un plateau en nous disant : « Maman, papa, j'ai besoin de cela ! » Il leur arrive parfois de le faire, bien sûr, quand ils nous disent qu'ils sont fatigués ou qu'ils ont faim, mais ils l'expriment rarement aussi directement et clairement. En effet, comme nous l'avons vu, nos enfants n'ont pas encore le même cerveau que nous, les mêmes moyens de communication ou la même connaissance d'eux-mêmes. Ils s'expriment donc plus avec le corps et peu avec les mots. C'est souvent leur comportement et non leur langage qui nous indique quel est leur besoin.

Quand nos enfants sont des bébés, le décodage des comportements est inévitable puisque le tout-petit ne sait pas parler. Lorsqu'il pleure ou devient irritable, nous devons nous demander s'il a faim, s'il a chaud, s'il est fatigué, s'il a mal, s'il a envie de câlins ou autres. Nous comprenons spontanément que son comportement nous signale quelque chose. Cependant, lorsque nos enfants commencent à parler, nous arrêtons souvent de décoder. C'est comme si nous nous disions que puisqu'ils savent dire des mots, ils seront capables d'exprimer verbalement s'ils sont fatigués, s'ils ont besoin de câlins ou de se dépenser.

Mais ce n'est pas le cas ! Savoir parler et savoir communiquer sur ses besoins et ses émotions sont deux choses différentes. Lorsque nos enfants ou nos ados s'agitent ou s'énervent, nous n'avons souvent plus le réflexe de nous dire qu'ils nous expriment un besoin ou quelque chose qui se passe en eux. Pourtant, nos enfants essaient de nous dire mille et une choses à travers leurs comportements. Si nous ne les décodons pas, nous risquons de passer complètement à côté du message et de rentrer dans des rapports de force inutiles. Par exemple, si un enfant fait une crise, nous pouvons voir cela comme un caprice et le gronder. Mais si cette crise indique que l'enfant est fatigué, nous passons à côté du message. Nous nous énervons sans comprendre qu'en fait son réservoir est vide. Nous ne répondons pas à son besoin, nous nous fâchons, et la crise va juste continuer et s'amplifier. Tant de situations (chez les petits comme chez les plus grands) montent malheureusement en crescendo simplement parce que le besoin de l'enfant n'est pas reconnu, entendu et satisfait.

> Lorsque votre enfant ne vous écoute pas, fait des crises ou est opposant, plutôt que de penser qu'il vous manipule, posez-vous les questions suivantes : « Pourquoi mon enfant se comporte-t-il ainsi ? Qu'essaie-t-il de me communiquer ? »

Ces comportements sont un moyen pour nos enfants d'agiter le drapeau rouge pour nous transmettre quelque chose. À nous d'apprendre à décoder leurs messages et à répondre à leurs besoins afin qu'ils parviennent petit à petit à le faire par eux-mêmes dans leur vie future. Plus nous pourrons comprendre ce qui se passe en eux, plus nos enfants apprendront à se connaître. Et c'est une étape importante de l'éducation. Combien d'adultes s'énervent, sont irritables ou impulsifs sans comprendre que c'est dû à de la fatigue, du stress ou de la faim ! Ils ne font pas le lien car ils n'ont pas appris à bien se connaître. Cela peut mener, entre autres, à des difficultés d'interactions sociales, à se pousser trop loin dans ses retranchements et ne pas toujours se respecter. Apprendre à détecter, valider et répondre aux besoins de nos enfants est donc un exercice important dans notre quotidien de parent pour leur bien-être actuel et futur.

Les besoins principaux des enfants

Les besoins que nous allons mentionner ci-dessous ne constituent pas une liste exhaustive. Gardons en tête également que chaque enfant est différent. Par exemple, pour certains, le fait de bien se dépenser physiquement sera très important, alors que pour d'autres, cela le sera un peu moins. L'idée est d'observer votre enfant pour comprendre ce dont il a besoin pour être ressourcé. Cela va l'aider à se sentir apaisé dans son quotidien mais également à bien se connaître en grandissant et à construire une vie en alignement avec qui il est. C'est en observant nos enfants que nous pouvons les comprendre, identifier leurs besoins principaux et reconnaître leur façon de nous montrer que leurs réservoirs sont vides. En faisant cela, ils vont apprendre à s'écouter et se respecter.

Les besoins physiologiques

Le sommeil

Le sommeil est, bien évidemment, l'un des besoins les plus importants de tout être humain. Un enfant qui dort suffisamment a plus de ressources et, par conséquent, peut mieux se concentrer, écouter et se réguler sur le plan émotionnel et comportemental. Un besoin de sommeil satisfait, c'est le premier pas vers une vie de famille plus harmonieuse.

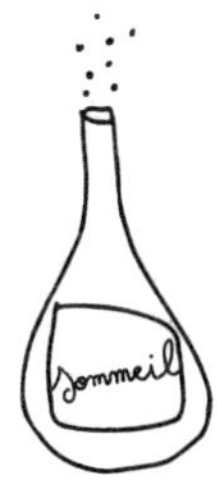

Les signes que l'enfant a besoin de sommeil : crises, difficulté à gérer ses émotions, agitation, impulsivité, anxiété, opposition… Ce trop-plein d'émotions et cette difficulté de régulation sont souvent des indicateurs que l'enfant est fatigué. Plutôt que de vous énerver et de rentrer dans des rapports de force, demandez-vous si votre enfant n'a pas tout simplement besoin de dormir.

Il peut être utile de noter les signaux typiques que votre enfant utilise pour exprimer sa fatigue ou d'autres besoins afin de bien les garder en tête et de ne pas passer à côté du message.

L'alimentation

Une alimentation saine et équilibrée est essentielle au bien-être de nos enfants. Trop de sucres, de caféine, de théine ou d'excitants peut réellement avoir un impact négatif sur leurs comportements mais aussi sur leurs émotions.

Nous devons observer nos enfants et regarder comment ils réagissent après avoir consommé certains aliments. Sont-ils plus excités ou plus fatigués ? Apprendre à écouter leur corps et à leur donner ce qui leur fait du bien est un merveilleux enseignement pour le bien-être actuel et futur de nos enfants. Chaque enfant est différent : certains ont besoin de manger très tôt le soir, d'autres mangent plusieurs fois durant la journée mais en petite quantité, d'autres encore ont besoin de recharger leurs batteries dès la sortie de la crèche ou de l'école grâce à un petit goûter.

Afin que nos enfants se sentent bien et aient les ressources nécessaires pour affronter la journée, les frustrations et les challenges du quotidien, il est primordial qu'ils mangent à des heures qui conviennent à leur rythme et qu'ils ingèrent des ingrédients qui leur font du bien et leur permettent de recharger leurs batteries.

Les signes que l'enfant a faim : irritabilité, difficulté de régulation émotionnelle, crise, fatigue, pleurnicheries, morsure chez les plus petits…

La dépense physique

Les enfants ont besoin de bouger et de se dépenser. L'activité physique leur permet de décharger leurs tensions et d'avoir plus de ressources pour apprendre et se réguler, mais aussi de ressentir du plaisir et de la joie. Un enfant qui bouge suffisamment se sent bien dans son corps et plus détendu. Savoir décoder leur besoin de mouvement est donc également un point essentiel dans notre rôle de parent.

Les signes que l'enfant a besoin de bouger : il se met à s'agiter partout dans l'appartement, à courir, à être surexcité ou, au contraire, à s'ennuyer et à ne plus savoir quoi faire…

Se dépenser et prendre un bon bol d'air frais est un excellent cocktail pour recharger les batteries. Ne négligeons pas le pouvoir de la nature et du mouvement sur la santé mentale et physique.

Les besoins affectifs

L'attention, l'amour, la connexion et l'échange

Nos enfants ont besoin de se sentir vus, regardés, écoutés et aimés. C'est un de leurs besoins les plus importants. L'enfant est apaisé et ressourcé par notre présence. Or, à une époque où la plupart des parents travaillent et courent entre maison et boulot, ce besoin peut être difficile à satisfaire.

Lorsque ce réservoir est vide, l'enfant va essayer de le remplir comme il peut. Parfois, ce sera de façon « maladroite » en s'agitant, en nous sollicitant sans arrêt ou en refusant de se coucher. Mais c'est sa façon de nous montrer son besoin de connexion. Il arrive souvent que les parents rentrent épuisés et n'aient qu'une envie, que l'enfant aille se coucher afin de pouvoir eux-mêmes se reposer un peu. C'est parfaitement compréhensible. La fatigue et les stress de notre quotidien drainent parfois toute notre énergie. Mais dans ces moments-là, si l'enfant a besoin de connexion et le montre en s'agitant ou en étant irritable, le parent risque juste de s'énerver sans voir au-delà du comportement. Le cercle vicieux commence alors. Plus les parents vont repousser l'enfant et ne pas comprendre son besoin, plus le comportement de l'enfant va se détériorer.

Le réservoir de l'enfant va se vider de plus en plus et c'est le serpent qui se mord la queue. Rappelons-nous donc que nos enfants n'arrivent pas toujours à nous signaler leurs besoins de façon positive. Plutôt que d'augmenter le sentiment de déconnexion et de distance en continuant à se disputer, nous pourrions prendre l'enfant dans les bras et lui faire un câlin pour remplir son besoin. Quelques minutes de reconnexion et tout s'apaise. À nous de décoder ce qu'ils essaient de nous dire afin de les aider peu à peu à s'exprimer plus clairement.

Les signes que l'enfant a besoin de connexion : recherche le contact et l'attention, s'accroche un peu à vous, est excité, fait des crises, pleurniche, pleure, ne veut pas se séparer de vous et aller au lit, est anxieux, est opposant, etc.

Mais comment faire pour satisfaire ce besoin de connexion quand on est épuisé ? Il ne s'agit pas de mettre la barre trop haut et de jouer des heures chaque soir avec votre enfant. Commencez par de petites choses : un grand sourire et un grand câlin en rentrant. Un petit moment d'écoute, de partage ou de jeu avant d'exécuter la *to-do list* du soir. Profitez du moment du repas, du bain et du coucher pour partager et remplir son petit réservoir. Éteignez votre portable et montrez-lui à quel point il compte pour vous.

Les câlins, les sourires, les rires, les jeux, le fait de regarder nos enfants, les échanges, le dialogue et l'écoute sont de l'engrais indispensable pour eux ! Essayez et vous verrez à quel point le comportement de votre enfant va se métamorphoser.

Cependant, pour pouvoir donner aux autres, il faut que nos propres réservoirs soient un minimum remplis. C'est ce que nous avons vu dans le chapitre « Relâcher le stress de notre quotidien », p. 30, avec des idées pour recharger vos propres batteries et gérer votre stress.

L'écoute et l'empathie

Dans la lignée du besoin de connexion et d'attention, nos enfants ont besoin de notre écoute. Ils ont besoin de raconter ce qu'ils ont fait la journée, ce qu'ils ressentent ou ce qui leur passe par la tête sans qu'on les interrompe toutes les deux secondes, qu'on les juge ou qu'on leur demande s'ils ont été sages en classe. Essayez donc, quand vous en avez l'opportunité, d'écouter votre enfant activement afin qu'il décharge son petit sac d'émotions au sein de la relation qu'il entretient avec vous.

Le fait de se sentir écouter donne à l'enfant le sentiment unique et précieux d'exister. C'est un élément indispensable à son épanouissement. L'écouter avec empathie, c'est lui montrer qu'il est important à vos yeux. C'est de l'attention positive que vous lui accordez et qu'il ne cherchera alors pas à combler d'une autre façon. On se met à leur place, on ne les juge pas. On accueille simplement ce qu'ils veulent partager. Un enfant qui peut bien communiquer avec ses parents est un enfant qui se sent détendu, valorisé et soutenu. Cela l'aide à relâcher ses tensions et participe à la construction d'une relation forte, stable et sécurisante.

Les signes que l'enfant a besoin d'empathie et d'écoute : parle beaucoup, vous dit que vous ne le comprenez pas, que vous ne l'écoutez pas, que c'est injuste, est agité, opposant, etc.

> Pour finir, n'oublions surtout pas que deux des besoins les plus importants pour nos enfants sont le fait de rire et de jouer ! Cela les ressource, les anime, leur permet d'évacuer leurs tensions, d'échanger, de créer des connexions, de développer leur imagination et de se sentir bien. Remplissons donc ces réservoirs sans modération !

Les besoins de sécurité et de stabilité

La sécurité et la stabilité affectives

Nos enfants sont dépendants de nous et ne pourraient survivre dans ce monde sans un adulte. Pour se sentir en sécurité, ils ont besoin de sentir que le lien qu'ils ont avec nous est permanent. La stabilité de ce lien va être comme un terrain solide que l'on construit sous leurs pieds pour leur permettre de découvrir le monde sereinement. L'instabilité du lien, quant à elle, crée un sol bancal et mouvant sur lequel les enfants devront explorer leur environnement avec plus de stress, de peurs et d'incertitudes.

Pour leur offrir cette stabilité et cette sécurité affectives, il faut leur montrer que quoi qu'ils fassent ou quoi qu'ils disent, nous sommes là pour eux et que ce lien ne peut pas se briser. Cependant, sous le coup de la colère, il peut nous arriver de mettre ce lien à mal : « Tu es nul, tu es insupportable, je vais te mettre en pensionnat ! » En entendant ces mots, l'enfant peut se demander si on l'aime encore. Ce doute va créer un sentiment d'insécurité qui va générer du stress. Or, plus l'enfant sera stressé, plus il pourra se montrer agité, opposant et/ou agressif. Et en voyant l'enfant réagir ainsi, le parent va peut-être s'énerver encore plus et du coup créer davantage d'insécurité.

Les signes d'un manque de sécurité : stress, agitation, opposition, anxiété, difficulté de concentration et d'écoute, pleurs fréquents.

Il est donc essentiel de bien faire attention à deux choses. Premièrement, de faire la distinction entre l'enfant et son comportement ! C'est le comportement que vous n'avez pas aimé, ce n'est pas votre enfant que vous aimez moins. Il y a des comportements qui nous fâchent et nous énervent mais cela n'affecte en rien la relation, l'image qu'on a de nos enfants et l'amour que nous leur portons. Il faut que votre enfant comprenne bien que quoi qu'il fasse, quoi qu'il arrive, vous l'aimerez toujours !

Deuxièmement, c'est d'apprendre à exprimer nos colères, nos stress ou nos frustrations en conservant une attitude respectueuse. Nous le devons à nos enfants et à leur bien-être. Cependant, selon notre passé, nos propres blessures, notre niveau de stress ou de fatigue, cela peut être difficile. Si c'est le cas, je vous invite à lire le chapitre « On est en colère », p. 42, afin de vous aider quant aux questions de régulation de notre colère.

La sécurité et la stabilité de l'environnement

Notre rôle de parent s'apparente à celui d'un guide. Être un enfant, c'est comme arriver dans un monde inconnu et nouveau. Nos enfants ont besoin d'être accompagnés et de comprendre ce qu'ils peuvent faire ou pas. Offrir des règles à nos enfants quant à l'heure du coucher, l'alimentation ou les comportements, c'est leur montrer que nous prenons soin d'eux et que nous les maintenons en sécurité dans la découverte de ce monde. Les routines jouent également un rôle clé dans la construction de ce

sentiment de sécurité car elles permettent aux enfants d'anticiper et de prévoir comment leur matin, leur journée ou leur soirée vont se dérouler.

Un emploi du temps trop chaotique et qui change tout le temps peut être désécurisant et stressant pour l'enfant. Offrir un quotidien stable et prévisible, grâce aux règles et aux routines, est ainsi extrêmement rassurant pour l'enfant. Cela va avoir un effet calmant, relaxant et déstressant sur lui.

Les signes d'un manque de sécurité : stress, agitation, opposition, impulsivité, anxiété, difficulté de concentration et d'écoute, pleurs fréquents.

Les besoins liés au développement personnel

L'enfant a besoin de découvrir qui il est, ce qu'il aime faire et ce dont il est capable. Le fait d'être connecté à soi et à son individualité est une source d'énergie profonde et d'épanouissement. L'un de notre rôle de parent est donc d'aider nos enfants à mieux se connaître, à comprendre ce qui les anime, et qui ils sont vraiment. Pour ce faire, ils ont besoin de deux éléments clés : notre respect pour qui ils sont et de l'autonomie. Regardons cela ensemble.

Le respect de qui il est

Pour grandir et se développer harmonieusement, un enfant a besoin d'être vu, reconnu et respecté pour ce qu'il est réellement. Il n'est pas là pour répondre à nos besoins ou satisfaire nos désirs, mais pour tracer son propre chemin. En respectant sa personnalité, ses goûts, ses idées et son individualité, nous l'aidons à rester connecté à lui-même, à s'écouter, à se faire confiance et à construire peu à peu son identité. Notre rôle est de l'accompagner sur ce chemin de découverte personnelle, de l'aider à comprendre ce qui le fait vibrer, ce qui l'anime, ce qui le ressource, et non de le façonner à notre image ou en fonction de nos exigences.

Lorsque nos enfants sentent qu'ils doivent se conformer à nos attentes pour être aimés, ils risquent de se couper d'eux-mêmes. Pour préserver le lien avec nous, ils mettront souvent de côté leur propre vérité et leur individualité. Avec le temps, cela peut donner des adultes qui vivent à travers le regard des autres, qui cherchent constamment à plaire, et qui font des choix dictés par l'extérieur et ce que les autres pensent plutôt que par leurs besoins profonds. Ce décalage peut créer un sentiment de vide intérieur, de frustration et mener à de l'anxiété, de l'épuisement, une dépression ou des douleurs chroniques, car leur vie n'est plus alignée avec ce qu'ils sont vraiment, mais avec ce qu'ils pensent devoir être.

Aidons donc nos enfants à rester fidèles à leur essence, en remplissant ce besoin de respect pour leur individualité profonde avec notre écoute, notre présence et notre amour inconditionnel. En les accueillant tels qu'ils sont, ils pourront alors construire une vie enracinée dans leur vérité, leur force et leur lumière. Pour plus d'informations à ce sujet, vous pouvez lire le chapitre « Accepter nos enfants pour qui ils sont », p. 288.

L'autonomisation

Pour se développer, nos enfants ont également besoin d'expérimenter et de voir ce dont ils sont capables. C'est en s'autonomisant et en essayant de faire seuls qu'ils pourront découvrir cela. S'ils sentent qu'on ne les laisse jamais faire et qu'on veut toujours tout contrôler et décider, cela va créer énormément de frustrations en eux. Par conséquent, il est primordial de permettre à nos enfants de faire seuls certaines choses qui sont adaptées à leur âge et à leurs compétences. Cela va leur permettre de croire en eux et en leur capacité.

Le besoin d'autonomisation et le besoin d'être respecté pour ce que l'on est sont intimement liés dans le cheminement de l'enfant. Être respecté dans son individualité, c'est lui offrir un regard qui accueille pleinement sa personnalité, ses émotions, ses goûts, ses idées. C'est lui dire : « Tu as le droit d'être toi. » Et l'autonomie, c'est lui offrir l'espace d'explorer ce « toi », en lui permettant d'agir, d'essayer, de se tromper, de faire seul. L'un ne va pas sans l'autre : on ne peut véritablement se découvrir que si l'on se sent accepté pour qui l'on est, et on ne peut développer sa confiance que si l'on a la liberté de faire ses propres expériences. En respectant l'essence de l'enfant tout en lui donnant les moyens d'agir, on nourrit ses racines autant que ses ailes. C'est ainsi qu'il peut se connecter à lui-même, apprendre à s'écouter, à s'aimer et à avancer sur un chemin qui lui ressemble.

Pour vous faciliter la vie…

En listant ces différents besoins, je me rends compte que cela peut effrayer de nombreux parents. Il y a déjà tant de choses à faire ! L'objectif n'est nullement de vous rajouter une charge de travail, mais, au contraire, d'essayer de vous faciliter la vie car plus ces besoins seront remplis, plus votre enfant sera collaborant, détendu et épanoui… et de ce fait vous aussi ! Ne vous mettez pas une pression folle mais observez votre enfant pour apprendre à connaître ses besoins principaux, la façon dont il les manifeste et le moyen de les satisfaire dans la mesure du possible. Vous verrez à quel point cela modifiera votre quotidien et celui de votre famille.

Alim
sommeil

Les émotions des enfants

Les émotions sont un sujet central de la parentalité et du développement psychique de l'enfant. Nous aimerions tous que nos enfants apprennent à réguler et gérer leurs émotions. Mais comment faire ? Voyons ensemble quelques points clés qui vous aideront à accompagner votre enfant dans ce domaine si important.

Les émotions, c'est quoi ?

Les émotions sont une boussole qui nous guide dans ce monde. Elles nous donnent des informations sur nous-mêmes, notre environnement, notre entourage et nos besoins. Cela nous permet de réagir à des situations, d'orienter notre processus de décision, de répondre à nos besoins, de nous protéger et de nous respecter. Pour bien comprendre nos émotions et leur importance, il est essentiel de comprendre leurs fonctions ! Voyons cela d'un peu plus près.

Les différentes émotions et leurs fonctions

On parle souvent de 6 émotions de base ou primaires mais les recherches actuelles montrent qu'il existe en réalité une vingtaine d'émotions. L'objectif ici n'est pas de toutes les recenser mais de bien comprendre que les émotions ont une fonction et jouent un rôle fondamental dans nos vies et dans celles de nos enfants.

Les 6 émotions primaires :
Colère – Peur – Tristesse – Joie – Dégoût – Surprise

Les fonctions des émotions

Pourquoi ressentons-nous des émotions et à quoi servent-elles dans nos vies ? Regardons-les l'une après l'autre afin de mieux comprendre.

La colère… à quoi sert-elle ?

La colère survient lorsque nos limites ont été dépassées par quelqu'un ou une situation, lorsque nous vivons une injustice, lorsqu'on nous manque de respect. C'est un signal qui indique que la situation ou le comportement de la personne ne nous convient pas, qu'il faut poser une limite, nous affirmer et nous protéger ou protéger ceux que nous aimons. Elle nous aide donc à comprendre ce qui nous convient ou pas, ce que nous acceptons ou pas ! Nous avons souvent tendance à la repousser et à essayer de la calmer. Certes, nous ne pouvons pas l'exprimer n'importe comment mais il est important de l'écouter. Car celle-ci nous permet de savoir quand nous n'apprécions pas une situation et qu'il faut mettre une limite ou dire non.

La tristesse… à quoi sert-elle ?

La tristesse survient lors d'une perte, d'un changement ou d'un manque. Un enfant perd son doudou, un ado rate son audition, une femme perd son père, un jeune homme se fait quitter par sa copine, etc. Toutes ces situations génèrent de la tristesse en nous. Cette émotion va nous aider à traverser la perte, la séparation, la déception, l'échec et la douleur.

Nos pleurs sont comme une crème cicatrisante qui nous aide à panser nos plaies. En pleurant, nous évacuons, à travers nos larmes, des hormones de stress. Nous diminuons donc la tension en nous. Après avoir pleuré un bon coup, nous nous sentons mieux et repartons avec plus de ressources et de force. Et pourtant, notre société nous pousse souvent à croire que la tristesse est un signe de faiblesse, qu'il faudrait la cacher ou la repousser pour rester fort. Mais c'est tout l'inverse : ce n'est pas l'émotion qui nous affaiblit, c'est le fait de la retenir. À force de refouler tristesse, colère, peine ou frustration, nous accumulons tensions et mal-être – ce qui peut nous rendre plus anxieux, plus irritables, plus fatigués et plus déprimés. Accueillir nos émotions, c'est prendre soin de notre équilibre intérieur. C'est une force, pas une fragilité.

La peur… à quoi sert-elle ?

La peur peut survenir face à la nouveauté et à ce que nous percevons comme dangereux. Elle n'est pas notre ennemie, bien au contraire : elle nous permet de rester prudents, de nous protéger et d'anticiper le danger. Lorsqu'un risque potentiel se présente, la peur réveille en nous une vigilance accrue : nos sens s'affûtent, notre attention se renforce, et notre corps se prépare à réagir si nécessaire. Par exemple, si nous marchons seuls tard le soir et qu'un bruit soudain se fait entendre, la peur nous mettra en alerte, nous serons prêts à fuir ou à nous défendre. Elle est donc une alliée précieuse pour notre survie.

Chez les enfants, cette émotion est d'autant plus présente que leur monde est encore en construction. Chaque jour, ils découvrent, expérimentent et apprennent à distinguer ce qui est dangereux de ce qui ne l'est pas. Pourtant, comme la tristesse ou la colère, la peur est souvent mal perçue. On pense, à tort, qu'il faut la cacher ou l'éliminer, comme si le courage consistait à ne jamais avoir peur. Nelson Mandela le disait pourtant si bien : « Le courage n'est pas l'absence de peur mais la capacité de vaincre ce qui fait peur. »

La joie… à quoi sert-elle ?

La joie nous informe qu'une situation est agréable et nous procure du plaisir. Elle nous permet de comprendre ce qui nous fait du bien et nous oriente dans nos choix.

Le dégoût… à quoi sert-il ?

Le dégoût nous protège d'aliments ou d'expériences potentiellement nocifs ou dangereux pour nous. Il nous permet d'éviter des situations qui pourraient être désagréables ou nuisibles.

La surprise… à quoi sert-elle ?

La surprise est produite par quelque chose d'inattendu. Elle peut être agréable et nous procurer de la joie, comme quand votre enfant vous a préparé un cadeau surprise pour votre anniversaire. Mais elle peut également générer de la peur ou d'autres émotions lorsqu'une personne inconnue rentre soudainement chez vous, par exemple.

J'aimerais ajouter à ces 6 émotions primaires une émotion qu'on place souvent dans la catégorie des émotions secondaires : la culpabilité. Cette émotion est fort importante dans nos relations sociales et dans la construction de notre sens moral. Souvent connotée négativement, elle est en fait extrêmement utile. En effet, si vous êtes agressif envers quelqu'un sans raison apparente, vous risquez de vous sentir coupable. Cette culpabilité va vous aider à réparer la blessure que vous avez causée chez l'autre et à ne pas répéter la même erreur dans le futur. Elle nous oriente dans nos choix et dans nos comportements sociaux. Grâce à elle, nous comprenons qu'il y a des choses qu'on ne peut pas faire. Elle nous guide dans nos interactions sociales, dans le développement de notre sens moral et nous permet de prendre des décisions adéquates et respectueuses des autres.

En comprenant les fonctions de nos différentes émotions, nous voyons donc qu'elles sont une magnifique source d'informations. Les émotions sont une boussole qui nous guide dans ce monde.

L'éducation est une merveilleuse opportunité pour aider nos enfants à voir leurs émotions comme des alliées plutôt que comme des ennemies.

Et pourtant…

Les émotions sont un formidable guide dans notre vie et pourtant nous avons si souvent appris nous-mêmes ainsi qu'à nos enfants à en avoir peur, à les rejeter et à ne pas les écouter.

La peur des émotions

Nous pensons souvent que la colère, la tristesse ou la peur sont des émotions négatives à éviter à tout prix. Mais pourquoi ?

Nous l'avons vu, ces émotions nous donnent des informations précieuses et nous aident à traverser des situations difficiles. Mais nous croyons fréquemment que si nous ouvrons la porte à ces émotions, elles vont nous envahir et nous submerger. Laisser place à la colère, c'est risquer d'être violent et impulsif. Laisser entrer la tristesse, c'est risquer la déprime. Laisser entrer la peur, c'est risquer de devenir trouillard. L'idée que nos émotions sont comme une vanne qu'il ne faudrait pas ouvrir est encore ancrée dans nos esprits. Que pourrait-il arriver si nous laissions le flot s'écouler ? Est-ce que nous allons nous faire engloutir par nos émotions ? Absolument pas. Au contraire, c'est justement en refoulant ces émotions que nous risquons de devenir plus craintifs, déprimés, impulsifs ou anxieux. Plus nous combattons nos émotions, plus elles vont prendre de la place. Cette vision craintive de notre monde émotionnel nous empêche donc parfois d'accueillir nos émotions comme une aide précieuse dans nos vies et nous amène à les rejeter.

L'émotion, notre sixième sens

Tout comme nos cinq sens, nos émotions sont là pour nous informer. Elles nous offrent des indications précieuses sur ce qui se passe autour de nous, mais aussi en nous. Elles nous permettent de mieux nous comprendre, de mieux comprendre les autres et le monde. En cela, on pourrait considérer les émotions comme un véritable sixième sens. Pourtant, à la différence de nos autres perceptions, nous avons appris à nous méfier de nos ressentis.

Lorsque nous voyons une fleur, nous ne remettons pas en question ce que nous percevons : nous savons que c'est une fleur. Si nous entendons un oiseau chanter, nous ne nous disons pas : « Peut-être que je me trompe, ce n'est peut-être pas un oiseau… » Nous faisons naturellement confiance à notre vue, notre ouïe, notre toucher. Mais lorsqu'une émotion se manifeste, le doute s'installe : « Est-ce que j'ai le droit de ressentir ça ? Est-ce que je ne suis pas trop sensible ? Est-ce que je n'exagère pas ? » Pourquoi ? Ces questions viennent de toutes ces fois où l'on nous a dit, enfant : « Ce n'est pas grave, tu es si sensible, arrête de pleurer », ou « Tu es vraiment un trouillard, il n'y a aucune raison d'avoir peur. » À force de les entendre, nous avons appris à ne plus faire confiance à ce que nous ressentons.

Et c'est ce schéma que, parfois sans le vouloir, nous transmettons à nos enfants. Lorsqu'ils pleurent, qu'ils s'énervent ou qu'ils ont peur, nous cherchons à les calmer rapidement, souvent en niant leur émotion : « N'aie pas peur, ce n'est rien », ou « Allez, cesse de pleurer, il n'y a pas de raison ».

Mais ce faisant, nous les poussons à se couper de ce qu'ils ressentent. Ils finissent par croire que leur émotion est « trop, inadaptée », ou qu'il y a quelque chose d'anormal en eux. Peu à peu, ils apprennent alors à ne plus les écouter et observent les autres plutôt qu'eux-mêmes pour savoir ce qu'ils « devraient » ressentir !

Rappelons-nous que nous ne choisissons pas nos émotions. On ne peut pas empêcher une émotion de surgir, tout comme on ne peut pas empêcher nos yeux de voir ou nos oreilles d'entendre. Ce que nous ressentons est le reflet de qui nous sommes. Apprenons alors à nos enfants à l'accueillir plutôt qu'à s'en détacher. Aidons-les à écouter ce message, à l'accepter, à le comprendre. Ce que nous pouvons offrir à nos enfants, c'est la permission de ressentir, l'espace pour exprimer, et l'accompagnement pour traverser.

> Une bonne gestion émotionnelle, ce n'est pas étouffer nos émotions, au contraire ! Apprenons à les écouter, comme un sixième sens et laissons-le nous guider dans la découverte de ce monde et de nous-mêmes.

Faisons confiance à ce que nous ressentons pour mieux nous connaître, apprendre ce qui nous convient ou pas, ce qui nous satisfait ou non, et construire une vie et faire des choix qui sont alignés avec qui nous sommes.

Que se passe-t-il si on n'accepte pas nos émotions ?

Lorsque nous disons à nos enfants qu'ils sont méchants quand ils sont en colère, qu'ils sont des trouillards quand ils ont peur ou qu'ils sont trop sensibles quand ils sont tristes, nous leur apprenons petit à petit à se déconnecter de leurs émotions. Ils se disent que maman et papa n'aiment pas quand ils ont peur ou quand ils sont en colère. Que se passe-t-il alors ?

La tension s'accumule

Une émotion est comme une vague. Une tension qui monte et qui redescend. Lorsque nous vivons une émotion, nous avons besoin de relâcher cette tension et ne pas simplement l'enfouir en nous. Nous nous sentons toujours mieux quand nous exprimons notre colère (ce qui est différent que de faire preuve de violence), lorsque nous avons pleuré, lorsque nous laissons ressortir notre joie ou que nous partageons notre peur. *A contrario*, si nous réprimons ces émotions, la tension va grandir en nous. Si nous accumulons cette tension en nous sans l'accepter et la vivre, elle va finir par exploser ou créer des dommages collatéraux. Nous réagirons soit de façon impulsive et/ou agressive, soit la tension ressortira par d'autres biais : anxiété, dépression, maux de ventre ou de tête, etc. L'émotion est une tension qui doit être relâchée et la seule façon de la relâcher, c'est de l'accepter et non de la combattre !

En montrant à nos enfants que nous comprenons et respectons les émotions qu'ils vivent, nous les aidons à relâcher cette tension. La validation émotionnelle et l'empathie sont l'une des étapes les plus importantes de la régulation de nos émotions et c'est aussi une des façons les plus efficaces de prendre soin de notre santé mentale et physique.

> Acceptons ce que nous ressentons sans juger, critiquer ou craindre cette émotion. Nous l'acceptons comme nous acceptons les informations que nous donnent nos 5 sens.

Vous n'apprenez pas à traverser l'émotion

Si nous apprenons à nos enfants à refouler tristesse, colère, frustration et peur, ils n'apprennent pas à traverser ces émotions. Pourtant, pour les gérer, il faut les regarder en face. Certes, ces émotions ne sont pas toujours agréables mais il est primordial pour l'enfant de voir qu'il peut les traverser. Sinon, il va commencer à les craindre et les éviter. Il doit comprendre qu'elles ne sont peut-être pas confortables mais qu'elles ne sont pas dangereuses pour autant. Gérer notre peur, c'est apprendre à la ressentir et voir que celle-ci diminue petit à petit en nous. Gérer notre tristesse, c'est accepter ces larmes qui coulent sur nos joues sans nous juger ou nous sentir faibles. Traverser nos émotions, c'est apprendre à ne plus avoir peur des sensations corporelles qui leur sont liées et les accueillir tel un cadeau qui est là pour nous aider et nous orienter.

Vous perdez votre boussole

Nous l'avons dit, nos émotions sont comme une boussole qui nous guide dans ce monde. La colère nous informe quand une situation ne nous convient pas, la peur nous permet de réagir, la joie nous indique ce qui nous fait du bien. Si nous apprenons à vivre sans écouter tous ces signaux, nous risquons de ne plus avoir de repères. Combien de burn-out sont dus à un non-respect de nos limites et de nos émotions ? La personne vit une situation qui ne lui convient pas mais elle a appris à ne pas se fier à ce qui se passe en elle. Colère, frustration et tristesse s'accumulent sans qu'elle puisse les écouter et les exprimer. La personne ne sait plus ce qu'elle ressent et ne se fait plus confiance. « Est-ce que j'ai le droit de ressentir de la colère ou de la frustration dans cette situation ? Je ne sais pas, je ne sais plus. » Elle devient dépendante de l'environnement et des autres pour prendre des décisions plutôt que d'écouter ce qui se passe en elle. Elle perd alors l'un de ses guides les plus précieux.

Vous vous éloignez de votre individualité

Nous sommes tous différents et ne ressentons pas la même chose face à une même situation. Certains vont être tristes en regardant un film, en colère face à une injustice, joyeux en écoutant une chanson et d'autres non. Nos émotions sont un reflet de notre individualité profonde. Dire à un enfant « Ne sois pas triste », c'est comme lui dire « Ne sois pas toi-même ».

> Ces émotions sont une partie de notre personne. Ne les étouffons pas. Apprenons à les écouter et les respecter. « Je ne suis pas faible ou fragile ou trop sensible parce que quelque chose me rend triste ou me fait peur. Je ne suis pas une mauvaise personne parce que je suis en colère. *Je suis moi et ces émotions font partie de mon être.* Je dois apprendre à les accepter et à voir que leur intention est principalement de m'aider à rester connecté à qui je suis. »

Tant de personnes ont appris à ne plus écouter leurs émotions et se conforment à un moule qui ne leur correspond pas. Ils se sentent alors insatisfaits et ressentent un vide intérieur car leur choix n'a pas été guidé par qui ils sont mais par qui ils pensent qu'ils devraient être. L'anxiété, les douleurs chroniques, la dépression sont des signes de cette déconnexion à soi. Aider nos enfants à rester connectés à leur individualité est donc un des aspects les plus importants de notre rôle de parents. Cela va les aider à être alignés avec qui ils sont réellement.

Que faire face aux émotions de nos enfants ?

Les émotions sont un message inestimable. Voici quelques étapes clés pour aider votre enfant à apprendre à les gérer et rester connecté à celles-ci :

1. Validez ce que votre enfant vit : « Je comprends. » Respectez que l'émotion de votre enfant peut être différente de la vôtre. Nous avons tous le droit de ressentir des choses différentes face à une même situation. Il n'y a pas un mieux ou un moins bien. Montrez-lui que même si nous n'éprouvons pas les mêmes émotions, nous nous mettons à sa place et nous comprenons qu'il puisse ressentir cela.

La validation émotionnelle est une étape essentielle de notre rôle de parent. Montrer à nos enfants que nous comprenons leurs émotions et que nous sommes empathiques leur permet de rester connectés à ce qu'ils ressentent et à leur individualité ! Mais cela les aide également à se réguler émotionnellement. L'empathie est un des moyens les plus efficaces pour apaiser une émotion intense.

2. Nommez ce que vous pensez que votre enfant est en train de vivre. Cela va l'aider à identifier l'émotion et mettre des mots sur son ressenti, développer son intelligence émotionnelle et sa capacité de communication. « Je comprends que tu sois triste. » Si vous n'êtes pas sûr de l'émotion qu'il ressent, vous pouvez le tourner autrement : « Tu te sens peut-être triste que Laurence ne soit pas venue jouer avec toi ? »

3. Différenciez émotion et comportement. Voilà une étape clé de notre accompagnement parental. Rappelons-nous que nous ne pouvons pas contrôler ou choisir ce que nous ressentons mais nous pouvons choisir comment l'exprimer. Notre rôle de parent n'est donc pas de faire taire les émotions de nos enfants, bien au contraire ! Il est primordial de leur montrer qu'ils ont le droit d'être en colère ou frustrés. Là où l'éducation intervient, c'est dans le comment ils peuvent exprimer leurs émotions « adéquatement » : « Tu as le droit d'être en colère mais pas de l'exprimer en tapant ou en mordant ! »

4. Mettez une limite : si l'enfant pousse pour exprimer de la colère, il est primordial de lui dire qu'il ne peut pas faire cela. Validez l'émotion mais pas la façon dont il l'a exprimée, tout comme nous le décrivons ci-dessous.

5. Proposez-lui des alternatives afin d'aider votre enfant à exprimer ses émotions de façon « acceptable » : « Tu as le droit

d'être fâché mais pas de pousser quelqu'un. Tu peux dire non ou stop, ou venir me chercher, mais on ne pousse pas. » Nos enfants ne peuvent pas deviner d'eux-mêmes ce qui est acceptable ou non comme expression de leurs émotions. Nous devons donc les aider à trouver des alternatives convenables. En procédant de la sorte, nous permettons donc à nos enfants de rester connectés à leurs émotions tout en apprenant qu'il y a certaines choses que nous pouvons faire pour exprimer nos ressentis et d'autres pas. Le respect de soi combiné avec le respect des autres !

6. Donnez-lui des informations sur ses émotions : « C'est normal d'avoir peur quand on fait quelque chose de nouveau. La peur nous permet d'être prudents. » « C'est normal de se sentir en colère dans cette situation car elle a fait quelque chose avec quoi tu n'étais pas d'accord. La colère nous montre quand quelqu'un franchit notre limite. » « Ça fait du bien de pleurer. Les pleurs cicatrisent nos blessures. » Vous pouvez aussi expliquer aux plus grands qu'en pleurant, nous évacuons (à travers nos larmes) des hormones de stress. Expliquez à votre enfant la fonction des émotions pour développer son intelligence et ses compétences émotionnelles.

7. Aidez-le à transitionner. Lorsque nous sommes envahis par une émotion, il est parfois difficile de passer à autre chose. Pour aider l'enfant à réguler son émotion, commencez toujours par lui montrer que vous comprenez ce qu'il vit. Ensuite, aidez-le à passer à autre chose s'il est prêt. Parlez d'un autre sujet ou, avec les plus petits, chantez une chanson, jouez un jeu ou bougez et dansez pour évacuer le trop-plein.

Une bonne santé émotionnelle, c'est la capacité à se connecter à nos émotions mais aussi à passer à autre chose ensuite. N'oubliez pas de toujours observer votre enfant. Certains ont besoin de plus de temps pour relâcher leurs tensions quand d'autres le font assez facilement. Certains préfèrent gérer un peu seuls ce qu'ils vivent et d'autres ont envie d'être auprès de nous. Adaptez-vous au besoin de votre enfant.

Accompagner nos enfants dans la découverte de leur monde émotionnel va les aider sur le plan de leurs interactions sociales, de leur régulation émotionnelle, de leur connaissance d'eux-mêmes, de la construction de leur individualité, de leur confiance en eux et de leur épanouissement personnel. Nos émotions sont un cadeau. Chacune d'entre elles est un guide qui nous aide à nous reconnecter à notre individualité, à notre cœur, à notre humanité… Apprenons à les voir différemment !

Partie 3

L'éducation de nos enfants

Que voulons-nous apprendre à nos enfants et comment ?

Éduquer, c'est quoi ?

L'un de nos rôles de parent est bien évidemment d'éduquer nos enfants. Mais qu'est-ce que cela veut dire ? Éduquer, c'est quoi exactement ? Est-ce simplement apprendre à nos enfants les règles de politesse et de vie d'une société ? Est-ce que l'éducation se limite à cela ? Que voulons-nous réellement transmettre à nos enfants ?

Si on regarde la définition de l'éducation, on peut lire qu'éduquer signifie, entre autres, former quelqu'un en développant et en épanouissant sa personnalité. Est-ce vraiment ce que nous avons en tête lorsque nous parlons de l'éducation de nos enfants ? Pas toujours, n'est-ce pas ? Et pour cause : l'épanouissement personnel et la découverte de notre individualité ont longtemps été des aspects négligés de l'éducation.

Une éducation centrée sur l'extérieur

Pendant de nombreuses années, pour de nombreux parents, l'unique objectif de l'éducation était que les enfants apprennent les règles et les limites et deviennent de bons petits soldats qui rentrent dans le moule scolaire, le moule professionnel et le moule social. L'éducation était centrée sur le comportement de l'enfant et sur l'apparence extérieure. Il devait apprendre à bien se « tenir » et à s'adapter à son environnement. On ne s'intéressait guère à ses émotions, à ses besoins ou à ses pensées. Tout ce qui comptait, c'était le comportement, l'obéissance et la façade. Il n'était pas réellement question d'épanouir sa personnalité, d'avoir une bonne santé émotionnelle, de se respecter et d'être aligné avec son individualité profonde. Les enfants ont appris à faire ce qu'on leur disait de faire, à se taire et à ravaler leurs émotions.

Cela a mené à des générations d'adultes qui, certes, savent obéir et montrer une bonne image, mais qui ne s'écoutent pas, ne sont pas connectés à eux-mêmes, ne parviennent pas à s'affirmer ou exprimer leurs émotions de façon constructive. Ils cherchent juste à rentrer dans le moule, sans trop savoir qui ils sont et ce qu'ils veulent vraiment. Combien d'adultes connaissons-nous qui sont dans ce modèle ? Peut-être nous-mêmes ?

Nous sommes nombreux à avoir passé une grande partie de notre vie à essayer de correspondre aux attentes des autres, sans jamais vraiment prendre le temps de nous demander qui nous étions réellement et ce que nous voulions profondément. On nous a appris à obéir aux règles mais pas vraiment à écouter ce qui se passait en nous. Dès l'enfance, nous avons alors cherché à plaire, à répondre aux exigences implicites ou explicites de nos parents et des adultes qui nous entouraient car on nous a élevés en nous apprenant à nous centrer sur l'extérieur mais pas sur notre monde intérieur. À quel prix ?

À force de modeler notre existence en fonction des attentes extérieures, nous finissons par ne plus savoir ce qui nous anime, ce qui nous fait vibrer, ce dont nous avons réellement besoin. Nous avançons dans une vie construite pour les autres plutôt que dans une vie alignée avec notre essence profonde. Et forcément, un jour, ce décalage se fait sentir : un sentiment de vide, une perte de sens, une impression d'être spectateur de sa propre existence.

Combien d'adultes ai-je accompagnés qui venaient consulter pour une fatigue inexpliquée, un manque d'énergie, de l'anxiété, une dépression ou une démotivation… et dont la souffrance prenait racine dans cette profonde déconnexion à eux-mêmes ? Personne ne s'était intéressé à leur monde intérieur et à qui ils étaient vraiment. Ils ont alors appris à s'adapter, à se conformer, au point de ne plus s'écouter. Ils se sont éloignés de l'enfant qu'ils étaient autrefois et exercent aujourd'hui un travail qui ne les épanouit pas, entretiennent des relations qui ne résonnent pas avec leur véritable nature, vivent une vie qui ne leur ressemble pas.

Et lorsque l'on s'éloigne trop de soi, le corps et l'esprit finissent par nous rappeler à l'ordre. Ils nous envoient des signaux d'alarme à travers des symptômes physiques et psychiques : douleurs inexpliquées, anxiété, épuisement, burn-out, sensation d'être perdu. Tout cela n'est qu'un appel à se reconnecter à soi.

Est-ce vraiment cela que nous souhaitons pour nos enfants ? Voulons-nous les amener à rentrer dans une case mais en passant à côté d'eux-mêmes ? Voulons-nous qu'ils soient sages mais sans savoir qui ils sont vraiment, sans savoir écouter leurs émotions et leurs besoins ? Si nous apprenons à nos enfants à simplement entrer dans un moule et obéir sans prendre en compte leur vie intérieure et leurs émotions, nous les amenons à passer à côté de qui ils sont. Ils se plieront aux attentes de l'adulte ou de la société mais sans savoir ce qu'ils veulent vraiment. Leur monde tournera autour de ce que l'extérieur pense et non pas sur ce qui se passe en eux. Ils auront alors de la difficulté à prendre des décisions, à se faire confiance et écouteront plus les autres et leurs avis qu'eux-mêmes car ils auront appris à mettre tout ce qui se passe en eux sous le tapis afin de répondre aux attentes d'obéissance de l'adulte.

Or, je pense que l'un de nos rôles de parents c'est justement d'aider nos enfants à comprendre qui ils sont et les aider à écouter ce qui se passe en eux pour construire une vie qui leur ressemble et leur permet de s'épanouir.

Une éducation centrée sur l'intérieur

Mais attention, l'objectif de l'éducation ne devrait pas non plus être de nous centrer uniquement sur le monde interne de l'enfant et d'en faire des enfants rois. Ce n'est pas parce qu'on s'intéresse à ce qui se passe à l'intérieur de l'enfant que nous devons oublier les autres ! Il s'agit de les aider à comprendre comment s'écouter, s'exprimer et s'affirmer tout en respectant le monde et les gens qui les entourent.

> Le respect de soi marche main dans la main avec le respect des autres. Ne penser qu'à soi et apprendre à s'écouter sont deux choses différentes. La première est basée sur la dominance (je suis plus important que toi) et la seconde sur l'amour (nous sommes tous importants).

Pendant des années, l'accent a été mis presque exclusivement sur l'obéissance, reléguant les émotions et les besoins de l'enfant au second plan. Puis, à force de vouloir corriger ces excès, l'éducation a pris un virage radical, plaçant le monde intérieur de l'enfant et l'écoute de ses besoins au cœur des priorités, parfois au détriment de l'apprentissage du vivre-ensemble.

Ce revirement s'explique sans doute par la souffrance de nombreuses générations d'enfants qui, une fois devenus parents, ont cherché à offrir à leurs propres enfants ce qu'ils n'avaient pas reçu : de la considération, de l'écoute, une reconnaissance de leur vécu émotionnel. Et ils ont eu raison ! Mais comme dans tout, l'équilibre est essentiel.

Notre rôle en tant que parent n'est pas seulement d'enseigner à nos enfants à s'écouter et à se connaître, mais aussi à évoluer harmonieusement dans un monde où l'autre existe. Apprendre à gérer la frustration, à prendre du recul, à se mettre à la place de l'autre et à respecter son espace est fondamental. Sans ces compétences, nos enfants risquent de se heurter à des difficultés sociales et émotionnelles qui pourraient entraver leur épanouissement.

Apprendre à nos enfants à se connaître, à écouter leurs besoins et à accepter leurs émotions, ce n'est pas les laisser tout faire, leur laisser ne penser qu'à eux et devenir des enfants rois. Nos enfants doivent apprendre, petit à petit, que d'autres personnes existent et qu'ils ne sont pas seuls au monde. Posons-nous donc la question. Que voulons-nous transmettre à nos enfants ? Comment voulons-nous les équiper et les préparer au mieux pour leur aventure de vie ?

Dans tous les moments du quotidien, nous avons alors un choix. Si nos enfants font une crise, se disputent ou sont en colère, nous pouvons leur apprendre à se taire et nous concentrer uniquement sur la façade ; ne rien dire ; ou bien nous pouvons voir ces moments comme des opportunités d'apprentissage plus profond. Des moments où nous pouvons apprendre à nos enfants à la fois à s'adapter au monde extérieur et à la fois à écouter ce qui se passe en eux. Si nos enfants se disputent, par exemple, nous pouvons leur dire d'aller dans leur chambre tels de bons petits soldats et leur faire comprendre que nous ne voulons pas de disputes à la maison. Ou bien nous pouvons voir cela comme une opportunité pour leur apprendre à être empathiques, à se mettre à la place des autres, à s'affirmer, à exprimer leur colère adéquatement, résoudre des problèmes, rechercher des solutions à un conflit et développer leurs compétences sociales. Idem s'ils sont fâchés. Nous pouvons leur dire de se taire. Ou bien nous pouvons leur apprendre à écouter cette colère et à l'exprimer de façon constructive et donc à prendre en compte à la fois ce qui se passe en eux tout en respectant le monde extérieur. La question à nous poser dans ces différents moments est donc : « Que voulons-nous réellement apprendre à nos enfants ? »

Un enfant puis un adulte épanoui, ce n'est pas juste quelqu'un qui sait obéir aux règles. C'est quelqu'un qui se connaît, sait s'écouter, identifier ses besoins, être empathique, réguler ses émotions et être en phase avec son individualité tout en respectant les autres et son environnement.

Il est donc tout aussi important d'apprendre à nos enfants à se connecter à leur monde intérieur, écouter leurs besoins et leurs émotions que de leur apprendre à considérer le monde qui les entoure, l'empathie, la tolérance, construire des relations saines et respecter les autres.

Comment faire concrètement ?

La méthode en trois temps

Mais alors comment faire concrètement, dans les différents moments du quotidien, pour s'intéresser à la fois à ce qui se passe à l'intérieur de nos enfants, leurs émotions, leurs besoins, les aider à s'exprimer et s'affirmer de façon constructive tout en leur apprenant à intégrer les règles de leur environnement ? Parce que c'est dans ces situations de tous les jours qu'on peut apprendre tout cela à nos enfants. Pour ce faire, j'ai développé ce que j'appelle la méthode en trois temps. À travers cette méthode, vous pourrez à la fois vous centrer sur le monde intérieur de votre enfant tout en leur apprenant les bases et les règles du vivre ensemble. Il s'agit donc d'éduquer sans écraser leur individualité et leurs émotions tout en les aimant sans tout leur permettre.

Voyons ensemble comment quelques exemples concrets de différentes situations du quotidien que nous avons tous probablement déjà vécues. Je vous donne un exemple de décodage à chaque fois, mais il existe plusieurs possibilités d'interprétation en fonction des situations et des enfants, bien sûr !

Temps 1 : on écoute, on observe et on décode.

Temps 2 : on valide, on nomme et on apprend une règle (si besoin).

Temps 3 : on propose des alternatives ou des solutions au comportement, on répond aux besoins ou on aide l'enfant à traverser son émotion.

L'enfant saute sur le canapé

Temps 1 : on décode >>> Mon enfant a besoin de bouger.

Temps 2 : on nomme et on apprend une règle >>> « J'ai l'impression que tu as besoin de bouger, mais on ne saute pas sur le canapé. »

Temps 3 : on propose une alternative >>> « Tu peux sauter sur un coussin par terre ou aller courir dans le jardin, mais on ne saute pas sur le canapé. Viens, on va aller un moment dehors. » Si ce n'est pas l'heure de sortir, vous pouvez lui faire faire quelques exercices de gym ludiques à l'intérieur, par exemple.

Bien sûr, l'enfant peut également être agité car il est fatigué et cette excitation sera alors le reflet d'un besoin de sommeil et non d'un besoin de se dépenser. Il faut bien l'observer pour comprendre ses comportements et ses besoins. Pas de recette miracle, juste de l'observation. Faites-vous confiance !

> Plus nous comprenons ce que nos enfants essaient de nous dire avec leurs moyens, plus notre réponse sera pertinente et efficace.

L'enfant est agité alors qu'on est en train de parler à quelqu'un d'autre

Temps 1 : on décode >>> Mon enfant cherche mon attention.

Temps 2 : on nomme et on valide >>> « Je vois que tu aimerais bien avoir l'attention de maman. Je comprends. Mais maman est en train de parler à Ciara. »

Temps 3 : on propose une alternative au comportement >>> « En attendant que je finisse, tu peux venir sur mes genoux ou faire un dessin à côté de moi, et ensuite on jouera ensemble. OK ? »

L'enfant ne veut pas faire ses devoirs

Temps 1 : on décode >>> C'est un sujet qu'il trouve difficile.

Temps 2 : on nomme et on valide >>> « Ce n'est pas un sujet facile, je suppose. Je comprends. »

Temps 3 : on aide l'enfant à trouver des solutions >>> « Comment veux-tu faire ? As-tu besoin de mon aide ? Tu peux commencer par les exercices plus faciles et faire celui-là ensuite si tu préfères. Ou as-tu une autre idée ? »

L'enfant veut une deuxième glace

Temps 1 : on décode >>> C'est juste de la frustration.

Temps 2 : on nomme et on valide >>> « Je comprends que tu aimerais une glace, mon cœur. Mais tu en as déjà eu une aujourd'hui. Tu pourras en avoir une autre demain. »

Temps 3 : on aide à traverser la frustration >>> On accompagne l'enfant avec notre attitude bienveillante pour l'aider à gérer cette émotion.

L'enfant ne veut pas partir de la crèche

Temps 1 : on décode >>> C'est probablement un mélange de frustration, transition difficile et tristesse.

Temps 2 : on nomme et on valide >>> « Je comprends que tu aimerais rester encore à la crèche. » On lui fait un bisou et on l'informe que c'est l'heure de partir et qu'on reviendra demain.

Temps 3 : on aide à transitionner et à traverser sa frustration >>> On le prend dans les bras affectueusement mais fermement et on y va. Nous sommes le parent et il est rassurant pour l'enfant que nous prenions la direction sur la suite et que nous ne le laissions pas à se rouler par terre des heures envahi de son trop-plein d'émotion. Nous lui transmettons du calme et de l'amour afin de l'aider à se calmer.

L'enfant tape

Temps 1 : on décode >>> Il est en colère que son ami ait piqué sa voiture.

Temps 2 : on nomme, on valide et on instaure une règle >>> « Je comprends que tu sois fâché contre Tom qu'il ait pris ta voiture MAIS on ne tape pas. »

Temps 3 : on offre une alternative >>> « Tu peux dire non ou venir me chercher pour que je t'aide mais on ne tape pas. »

> Ces différents moments de la vie quotidienne que nous avons tendance à voir comme des situations difficiles sont en fait de vraies occasions d'apprentissage. Avec la méthode en trois temps, on voit que les crises, les conflits dans la fratrie, les difficultés d'endormissement ou l'opposition sont des opportunités pour apprendre à nos enfants à gérer leurs émotions, résoudre un différend, s'affirmer ou traverser une émotion difficile tout en respectant les autres et en intégrant les règles de vie qui régissent la société qui les entoure.

Qu'apprenons-nous réellement à nos enfants en utilisant cette méthode en 3 temps ?

Nous leur apprenons justement à comprendre leur monde intérieur, identifier leurs émotions et leurs besoins, les nommer et les réguler tout en intégrant les règles et les limites nécessaires à la vie en communauté. Nous créons donc à travers cette méthode d'apprentissage ce si précieux équilibre entre le respect de soi et le respect des autres !

Mais nous renforçons également le lien avec nos enfants car en se sentant entendus, vus, compris, guidés et respectés, ils développent un lien de confiance et d'écoute avec nous (et avec eux-mêmes).

Cette méthode est également importante car elle évite la répétition du comportement. En effet, si, par exemple, votre enfant saute sur le canapé et que vous pensez qu'il teste les limites, vous allez lui dire : « Ça suffit, descends tout de suite de ce canapé. » Deux minutes plus tard, il va peut-être recommencer à sauter sur le canapé, ou bien courir dans tout l'appartement, car le besoin qui se cache derrière son comportement n'a pas été détecté. Cela va se réitérer jusqu'à ce que vous explosiez et que vous lui disiez de tout de suite aller dans sa chambre !

Un comportement répétitif, c'est souvent un comportement que nous n'avons pas compris, un message que nous n'avons pas entendu ou un besoin auquel nous n'avons pas répondu. Tant que nous n'avons pas identifié la cause, l'enfant va avoir tendance à maintenir son comportement. Mais si nous décodons son besoin, que nous y répondons et que nous lui donnons des alternatives, alors nous rompons le cercle vicieux.

Pour finir, cette approche va offrir un modèle de communication et de résolution de problème à nos enfants plutôt qu'un modèle de rapports de force. Cela leur permettra d'accroître leurs compétences communicationnelles et sociales et de répandre ce type de relations autour d'eux et dans ce monde !

Est-ce suffisant pour qu'ils apprennent ? Ne devrions-nous pas punir ou donner d'autres conséquences à leurs actes ?

C'est une question que j'entends très souvent de la part des parents. Elle revient comme un écho familier, porté par une croyance profondément ancrée : celle que pour qu'un enfant apprenne vraiment, il faut le sanctionner. Comme si, chaque fois qu'il faisait une faute d'orthographe ou tombait à vélo, la logique voudrait qu'on le mette au coin. Et pourtant, cela nous semble absurde dans ces contextes-là, n'est-ce pas ?

Alors pourquoi cette conviction que, lorsqu'il s'agit de comportements ou d'émotions, la punition serait la seule voie d'apprentissage ? Dans tous les autres domaines – les maths, le sport, la lecture, la cuisine – nous savons que les enfants progressent grâce à la pratique, la guidance, l'encouragement, les ajustements répétés et la confiance. Pourquoi en serait-il autrement pour les compétences sociales, émotionnelles et relationnelles ? Il n'y a pas de différence. Ces apprentissages-là aussi nécessitent un cadre sécurisant, une relation forte, une communication efficace, de l'imitation et de la répétition.

Plutôt que de penser qu'il faut hausser le ton ou punir pour se faire entendre, rappelons-nous ce dont nos enfants ont réellement besoin pour apprendre :

Un lien stable et sécurisant

Pour qu'un enfant écoute, il doit d'abord avoir envie de nous écouter. Et cela ne se construit pas dans la peur, mais dans le lien. Plus nous prenons soin de ce lien, plus nos mots auront du poids à ses yeux. À l'inverse, si les conflits deviennent plus nombreux que les moments de complicité, la relation s'érode... et avec elle, notre influence.

Gardons aussi à l'esprit que plus un enfant est stressé, plus il s'agite et devient opposant. Par conséquent, si nous hurlons et que nous punissons souvent nos enfants, contrairement à ce que nous croyons, leurs comportements vont juste se détériorer. Alors que si nous avons une relation positive avec eux, nos mots auront une vraie importance à leurs yeux ! Pour plus d'informations à ce sujet, je vous propose de lire le chapitre « Mon enfant est terrible, je ne sais plus quoi faire ! », p. 227.

Des limites claires et cohérentes

N'attendez pas dix minutes pour poser une limite. Je vois si souvent des parents ne rien dire une dizaine de fois puis tout à coup ils explosent. L'enfant ne comprend alors plus grand-chose. Pourquoi son parent n'a-t-il rien dit au début puis tout à coup s'énerve ? Le cadre doit être clair afin que l'enfant puisse bien le comprendre et l'intégrer. N'attendez donc pas trop longtemps lorsque vous posez une limite. Soyez cohérent et ne changez pas de décision, de règles ou de limites sans arrêt. Nos enfants ont besoin d'un mode d'emploi clair afin d'intégrer les règles du jeu familiale ou sociale.

Des alternatives

Cette étape est cruciale dans l'apprentissage. Dire « non » ne suffit pas. Il faut leur montrer ce qu'ils peuvent faire à la place. « Tu ne tapes pas, mais tu peux dire "stop" », « Tu ne dessines pas sur le mur, mais tu peux le faire sur cette feuille », « Tu ne cours pas dans le restaurant, mais on peut faire un jeu à table. » C'est ainsi que nos enfants pourront rester connectés à leurs besoins et leurs émotions tout en comprenant comment les exprimer de façon acceptable et constructive. La différence ici est donc que nous ne taisons pas tout ce qui se passe en eux en leur demandant d'être un bon petit soldat. Nous écoutons, validons et leur apprenons comment ils peuvent exprimer cela adéquatement. Pourquoi est-ce important ? Rappelez-vous qu'on ne peut pas s'empêcher de ressentir une émotion ou d'avoir un besoin. Si nous apprenons à nos enfants non pas à accueillir cela mais à l'étouffer, deux problèmes risquent d'apparaître. Tout d'abord, en n'offrant pas d'alternatives à l'enfant, il continuera à exprimer ce qu'il ressent… comme il peut. C'est-à-dire que les comportements « non désirables » continueront car l'enfant ne saura pas comment faire autrement pour exprimer ses émotions ou ses besoins. Puis sur le long terme, soit il refoulera tout ce qu'il ressent, au point de se couper petit à petit de lui-même ; soit il accumulera tout cela en lui, jusqu'à ce que tout déborde sous forme d'impulsivité. Ce que nous voulons donc, c'est comprendre que ces émotions et ces besoins existent et qu'ils ne peuvent être tus. Notre rôle est d'apprendre à nos enfants comment les exprimer. Il ne s'agit pas de nier ou taire ces besoins et ces émotions, mais de les accompagner, de leur donner un langage, une direction constructive et « acceptable ».

Du temps et de la cohérence

Rome ne s'est pas bâtie en un jour. Patience et répétition : nos enfants ont besoin de ces ingrédients pour progresser. C'est un élément essentiel à tout apprentissage. Nos enfants n'ont pas appris à parler ou marcher en un jour. Tout apprentissage prend du temps. Or, nous l'oublions si souvent concernant les comportements et la régulation émotionnelle de nos enfants ! Posez un cadre clair et petit à petit votre enfant apprendra ce qui est OK ou non.

Un guide naturel : la culpabilité

Enfin, n'oublions pas que nos enfants apprennent aussi grâce à la culpabilité. Cette émotion a mauvaise presse, et pourtant, elle joue un rôle fondamental. Il ne s'agit évidemment pas de culpabiliser nos enfants, mais de leur laisser l'espace de ressentir naturellement ce que l'on appelle la culpabilité saine : ce pincement au cœur quand nous avons blessé quelqu'un ou pris quelque chose qui ne nous appartient pas. Elle agit en nous depuis toujours comme un guide social. Mais si nous le punissons, l'attention de l'enfant se déplace : il ne pense plus à ce qu'il a fait, mais à ce qu'il subit. Et dans ce cas, la culpabilité ne peut plus faire son travail. Pour approfondir cette notion, je vous recommande le chapitre sur la punition, p. 218.

En combinant ces différentes étapes, soyez confiant, votre enfant apprendra pas à pas. Nul besoin de rajouter punitions et cris qui ne feront qu'empirer la situation. Des limites claires et cohérentes, des alternatives à ses comportements, un lien stable et sécurisant ainsi que de la répétition et de la patience : voilà les ingrédients nécessaires à l'apprentissage de votre enfant.

Devrions-nous appliquer la méthode en trois temps à chaque fois ?

Bien évidemment, nous n'arriverons pas toujours à écouter, à être empathiques et à décoder ce qui se passe pour nos enfants. Parfois, nous sommes trop fatigués, nous n'avons pas le temps ou la situation ne s'y prête pas. Mais c'est toujours une question de dosage. Si nous arrivons à appliquer cette méthode la plupart du temps, alors nous apprenons à nos enfants à gérer efficacement leurs émotions et à communiquer leurs ressentis et leurs besoins. Nous les aidons à s'intégrer socialement car ils apprennent les règles de vie de leur famille et de la société. Nous créons également une relation de communication dans laquelle nos enfants se sentiront soutenus et entendus et auront plus envie de partager et collaborer que si nous sommes sans cesse dans la confrontation.

Il ne s'agit pas de se mettre la pression pour toujours appliquer cette méthode, mais plutôt d'essayer de faire émerger, le plus souvent possible, une atmosphère d'écoute, de soutien et d'apprentissage dans l'enceinte familiale plutôt qu'un rapport de domination et de contrôle.

Les bases nécessaires à l'apprentissage

Après avoir exploré comment transmettre concrètement certains apprentissages à nos enfants, il est essentiel de revenir un instant aux fondations. Car pour qu'un message soit vraiment entendu, compris et intégré, certaines conditions doivent être réunies. Il ne suffit pas de parler pour être écouté, ni d'avoir un bon contenu pour qu'il soit retenu. L'efficacité d'un apprentissage dépend autant du fond que de la forme : de la relation, du climat émotionnel, de la disponibilité intérieure de l'enfant, et de la manière dont le message est transmis. Pour qu'un apprentissage s'ancre et porte ses fruits, l'enfant doit être dans les bonnes dispositions : reposé, réceptif, en sécurité. Nous en faisons tous l'expérience au quotidien – nous n'assimilons pas une information de la même façon selon que nous sommes fatigués, stressés ou sereins. Nous ne l'assimilons pas non plus de façon identique si nous avons une relation de confiance avec la personne ou une relation de conflits et de tension. Comprendre cela nous invite à prêter attention à l'environnement dans lequel nous transmettons nos messages, et à la façon dont nous les offrons. C'est ce que nous allons explorer dans ce chapitre : les bases indispensables à tout apprentissage, et les voies de communication qui le rendent vivant, efficace et durable.

Créer un lien

L'éducation est un apprentissage. Apprendre, c'est passer un message, transmettre une information d'une personne à l'autre. Pour cela, il faut créer un pont entre l'enfant et le parent. Ce pont, c'est le lien.

Souvent, nous pensons que nos enfants apprennent à travers l'autorité et les punitions : plus nous serons autoritaires, plus ils respecteront ce que nous leur disons. Mais c'est un leurre. Rappelons-nous que les relations de force et de peur ont leurs limites ! Je peux peut-être forcer mon enfant à mettre ses chaussures, mais je ne peux pas le forcer à avaler de la nourriture ou à parler. Et vient un âge où même les chaussures ne peuvent plus être mises « de force ». Vous ne pouvez pas empêcher votre ado par la force, les cris ou les punitions de fumer, de sécher les cours ou d'être insolent avec d'autres.

Mais vous pouvez créer une relation dans laquelle il aura envie de vous écouter et d'apprendre avec votre guidance. La clé de l'apprentissage c'est le lien, pas l'autorité. Si nous construisons une relation dans laquelle nos enfants se sentent écoutés, aimés et respectés, ils auront envie d'entendre ce que nous disons. Nos mots auront une importance à leurs yeux !

Si nous voulons vraiment guider nos enfants, il faut investir notre énergie dans la construction de cette relation et non dans les punitions. Comment ? Commençons par regarder nos enfants et leur montrer que nous nous soucions de leur bien-être et de leurs besoins. Que nous nous intéressons à eux, à leurs pensées, à leur vie. Que nous validons et que nous comprenons leurs émotions même si nous ne sommes pas d'accord, par moments, avec la façon dont ils les expriment. Que nous posons des limites car nous prenons soin d'eux et que nous les aidons à grandir et à s'autonomiser. Que nous sommes l'un avec l'autre et pas l'un contre l'autre. Que quoi qu'il arrive, quoi qu'ils fassent, nous sommes là pour lui. Nos enfants sentent alors qu'ils peuvent s'appuyer sur nous et que nous les soutiendrons toujours, c'est cela un attachement sécurisé. L'écoute, le partage, l'encouragement, le rire et l'affection sont l'engrais qui participe à la construction de ce lien si indispensable à l'éducation et à l'écoute de nos enfants.

Des besoins fondamentaux satisfaits

Pour qu'un enfant puisse apprendre et écouter, il faut également que ses besoins de base (sommeil, alimentation, besoin de dépense physique, etc.) soient respectés. Un enfant trop fatigué, qui a faim ou qui s'alimente mal, n'a pas toutes les ressources de son côté pour bien apprendre et pour pouvoir écouter.

Pour s'ouvrir vers l'extérieur, apprendre et entendre l'autre, il faut se sentir bien à l'intérieur de soi-même. Veillez à bien remplir les réservoirs des besoins de votre enfant. Gardez un œil tout particulier sur le sommeil. Un enfant bien reposé est un enfant qui écoutera et qui apprendra beaucoup plus facilement.

Une sécurité émotionnelle et physique

Il n'est pas possible d'écouter et d'apprendre efficacement si nous sommes dans un état de stress intense. Si l'enfant se sent en danger ou ressent un stress important, c'est son cerveau reptilien – le plus primitif et instinctif – qui prendra le dessus. L'enfant sera alors plus agité, plus impulsif, moins concentré et aura plus de difficultés à se réguler émotionnellement. Comment peut-il alors apprendre et raisonner calmement dans cet état ? Pour que nos enfants puissent écouter, intégrer et se concentrer, il faut qu'ils se sentent en sécurité.

Nos enfants peuvent ressentir une insécurité, de la peur et du stress lors de conflits réguliers et/ou explosifs à la maison, lorsqu'ils sont confrontés à de la maltraitance physique ou psychologique, lorsqu'ils ressentent un sentiment d'abandon ou de solitude intense, lorsque leur environnement est chaotique ou changeant, lorsqu'ils vivent trop de pression, etc. Si nos enfants ne nous écoutent pas, sont très agités ou semblent ne pas intégrer ce que nous leur disons, commençons par nous demander s'ils se sentent en sécurité dans leur vie. Tentons d'imaginer ce qu'ils vivent pour pouvoir les aider au mieux et instaurer, si nécessaire, un environnement moins stressant et plus sécurisant.

Les passerelles de l'apprentissage

Il y a trois voies principales par lesquelles nos enfants apprennent : l'imitation, une communication efficace et la répétition.

L'imitation

Nous nous compliquons souvent la vie en nous demandant quels outils, quels tableaux de récompenses ou quelles punitions seraient efficaces pour apprendre à nos enfants. Mais nous oublions qu'un des vecteurs les plus puissants de l'apprentissage, c'est tout simplement l'imitation. Nos enfants apprennent en nous regardant. Nos actes qu'ils observent sont cent fois plus puissants que nos mots ou nos leçons de morale. Très souvent, nous faisons des choses contraires aux comportements que nous voudrions voir chez nos enfants : nous parlons mal, nous ne nous tenons pas bien à table, nous crions sur nos enfants ou dans la voiture ou nous sommes sur nos écrans sans arrêt.

> Nous nous épargnerions beaucoup d'énergie si nous commencions par agir comme nous aimerions que nos enfants agissent.

Vous aimeriez que votre enfant soit poli et qu'il régule ses émotions, alors essayez de donner l'exemple. Rappelez-vous qu'un enfant qui voit des parents être ordonnés a trois fois plus de chances d'être lui-même ordonné qu'un enfant qui se fait « engueuler » à cause de sa chambre mal rangée alors que lui-même a des parents « bordéliques ».

Lorsque nous avons un conflit avec nos enfants et que nous leur disons en criant : « Ça suffit, je ne veux plus rien entendre, tu es insupportable, va dans ta chambre ! », nous ne nous rendons pas forcément compte de ce que nous sommes en train de leur apprendre à travers notre propre comportement. En l'occurrence qu'on a le droit d'être irrespectueux et de crier si on est contrarié. Et que, lors d'un conflit, il n'y a pas de place pour la discussion. « C'est moi qui décide, un point c'est tout ! » Nos enfants imitent ensuite notre comportement dans la cour de récréation et ne développent pas de bonnes stratégies de gestion de conflit ou de régulation émotionnelle. Ils auront tendance à être autoritaires, à crier et n'apprendront pas à être emphatiques et écouter le point de vue de leurs camarades.

Bien sûr, les parents ne sont pas la seule source d'imitation. Nos enfants vont imiter d'autres personnes, en particulier leurs amis, leurs enseignants. Nous n'avons pas toujours de prise là-dessus. En revanche, nous pouvons faire attention à notre langage et notre comportement pour fournir à nos enfants un modèle sur lequel ils pourront s'appuyer pour grandir. Ils sont également influencés par ce qu'ils voient sur les écrans, il est primordial de garder un œil sur les contenus auxquels ils ont accès.

Si votre enfant ne mange pas comme il faut, s'il parle de façon irrespectueuse, se montre impulsif ou a une difficulté à gérer ses émotions, commencez par regarder votre attitude et voyez si des changements sont possibles en vous afin d'inspirer votre enfant à propos des valeurs qui sont importantes à vos yeux.

Une communication efficace

Il ne suffit pas de parler pour qu'on nous écoute. Pour que nos enfants puissent apprendre, il faut leur parler de façon à créer une réceptivité. Rappelons-nous qu'en parlant, nous pouvons créer un pont comme un mur.

Voici les 4 points clés d'une communication efficace.

1 – L'intention

Toute forme de communication commence avec une intention. Si l'enfant sent que notre intention est de le contrôler, il aura tendance à s'opposer. À l'inverse, s'il sent que notre intention est de l'aider à grandir et à devenir autonome, il aura tendance à écouter, intégrer et collaborer. Commencez donc par adopter l'attitude d'un coach aidant et encourageant plutôt que celle d'un dictateur dominant.

Ce point est essentiel dans l'éducation de nos enfants car ceux-ci sont extrêmement sensibles à ce que nous dégageons. Peu importe les mots que nous employons, s'ils sentent en nous de la crainte, du doute ou une volonté de domination, leur réaction sera bien différente que s'ils perçoivent en nous de la confiance et de la bienveillance.

C'est pourquoi il est essentiel de comprendre l'enfant et son développement. L'enfant n'est pas un petit diablotin capricieux qu'il faut dresser à travers des relations de pouvoir. C'est un être en développement qui est en train d'apprendre et qui a besoin de notre présence et de notre guidance pour le faire. Cette prise de conscience transforme profondément notre posture.

Si, face à une crise, nous voyons l'enfant comme un petit manipulateur, nous adopterons naturellement une attitude de confrontation. Mais si nous comprenons qu'il traverse une tempête émotionnelle qu'il ne sait pas encore gérer seul, alors notre regard et notre énergie changeront. Nous nous positionnerons non plus contre lui, mais avec lui, dans une démarche d'accompagnement. L'éducation est une relation d'apprentissage et de communication et non un rapport de force ! En comprenant cela, nous dégageons alors une tout autre énergie et, par conséquent, l'enfant réagira complètement différemment. Il sentira que l'on est l'un avec l'autre et non l'un contre l'autre. Tout commence donc par l'intention et l'énergie qui en découle.

Vous êtes un guide, pas un dictateur. Essayez, et vous verrez la différence.

2 – L'attitude, le ton et le respect

La manière dont nous exprimons les choses a un impact direct sur la réaction et l'écoute de notre interlocuteur. Plus nous crions, nous agitons et nous emportons, plus l'enfant se sentira agressé et adoptera une posture défensive. Dans ces moments, nos enfants entendent le ton de notre voix et nos cris mais pas nos mots. Pour que nos enfants puissent écouter et apprendre, il faut adopter un ton et une attitude qui génèrent de l'écoute et non de la peur, du stress ou de l'opposition. Sortons de l'idée qu'il faut hurler pour être entendu. C'est tout le contraire !

Un ton de voix clair, calme et posé va créer un pont entre nous et l'enfant, et va permettre à notre message d'être efficacement transmis. Ce n'est pas parce que c'est un enfant que nous pouvons le traiter comme un petit soldat qui devrait obéir à nos ordres et satisfaire nos besoins de contrôle et de pouvoir. Personne n'a envie de faire quelque chose lorsqu'on le lui demande de façon irrespectueuse. Mettez-vous à la place de votre enfant et imaginez que votre patron ou votre collègue vous parle de la sorte. Est-ce que vous auriez envie d'écouter ?

Nous avons tous besoin de respect et d'amour avant toute chose. Si nous offrons ces fondamentaux à nos enfants, ils auront automatiquement beaucoup plus envie de nous écouter et d'apprendre que si nous sommes dans des rapports de force incessants.

> Parlez à votre enfant comme vous aimeriez qu'on vous parle et vous verrez qu'il vous écoutera avec beaucoup plus d'attention. L'irrespect crée de l'opposition, et le respect de la collaboration.

3 – La confiance

L'un des problèmes que je vois le plus souvent aujourd'hui dans ma pratique, c'est que les parents manquent parfois de confiance en eux. Et cela n'a rien d'étonnant : face à la multitude d'idées, de conseils et de théories éducatives qui circulent, il devient difficile de savoir quelle direction prendre. Pris dans ce flot d'informations contradictoires, beaucoup doutent au moment de transmettre un message à leur enfant. Résultat : leur communication devient hésitante, brouillée, comme une fréquence radio parasitée, rendant le message difficile à capter.

Pour qu'un enfant comprenne et intègre ce que nous lui transmettons, il est essentiel que nous soyons nous-mêmes convaincus du pourquoi de nos paroles et de nos actions. Nous voulons l'aider à grandir, à se respecter, à respecter les autres… Mais si nous ne sommes pas clairs et alignés avec ces intentions, le message ne passera pas.

Les enfants ont besoin de sentir que nous savons où nous allons. Imaginez que vous visitiez un pays avec un guide qui hésite à chaque tournant, doutant constamment du chemin à prendre. Auriez-vous envie de le suivre ? Probablement pas. Il en va de même pour la parentalité. Être un leader pour nos enfants ne signifie pas imposer son autorité par la force ou les cris. Au contraire, crier envoie le signal que nous nous sentons dépassés, impuissants. De même, si nous sommes dans une indécision constante, cela crée de l'insécurité. Ce que nous voulons plutôt, c'est être la personne qui inspire confiance par notre ancrage et notre clarté.

Bien sûr, il y aura toujours des moments de doute. C'est inévitable. Mais avant d'agir, prenez un instant pour vous poser cette question essentielle : « Qu'est-ce que je veux réellement transmettre à mon enfant dans cette situation ? » Une fois cette intention clarifiée, vous pourrez avancer avec plus de certitude et de sérénité – et votre enfant, en retour, vous suivra avec confiance.

4 – Restez bref

Ne parlez pas trop. Ne surchargez pas votre enfant d'informations (« Range ta chambre, viens te brosser les dents et n'oublie pas de ranger ton sac ! »). S'il y a trop à la fois, l'enfant va saturer et ne plus écouter. Lorsque nous sommes trop loquaces, nous noyons l'information principale dans tout un tas de paroles inutiles qui vont juste créer de la confusion. Centrez-vous donc sur un point à la fois en vous adaptant bien sûr à l'âge de votre enfant lorsque vous voulez lui apprendre quelque chose et lui transmettre un message.

La patience et la répétition

Il est essentiel d'ajouter que tout apprentissage prend du temps et demande de la répétition et de la patience ! Ce n'est pas parce que nous avons dit une fois quelque chose à nos enfants qu'ils vont l'intégrer et l'apprendre de suite. Quand nous apprenons à nos enfants à lire ou à faire du vélo, nous voyons bien à quel point la répétition est importante. Pourquoi serait-ce différent avec les comportements et la gestion des émotions ? La patience est donc un maître-mot dans la question des apprentissages de nos enfants, ne l'oublions pas.

Partie 4

Questions de parents : des réponses à vos défis du quotidien

Mon enfant ne m'écoute pas !

« Samuel, va te brosser les dents ! Chloe, habille-toi ! Eloise, range ta chambre ! Et faites moins de bruit ! »

Lorsque nos enfants ne nous écoutent pas, cela peut mettre nos nerfs à rude épreuve. Épuisés par une longue journée, on aimerait parfois qu'ils fassent « juste » ce qu'on leur demande sans que nous ayons à répéter les choses cent fois, à crier ou à gérer leurs frustrations. Alors, voyons ensemble pourquoi nos enfants ne nous écoutent pas et comment faire pour qu'ils puissent mieux nous entendre.

Pourquoi ne nous écoutent-ils pas ?

Le plus souvent, c'est en raison de notre style de communication et/ou de nos demandes qui ne sont pas adaptées à leur âge.

Adoptez un style de communication qui génère de l'écoute

Il ne suffit pas de parler pour qu'on nous écoute. Pour transmettre un message efficacement, il faut adopter un ton, une attitude et des mots qui créent de la réceptivité.

Rappelez-vous les 4 points d'une communication efficace (p. 130). Toute communication débute par une intention. Si l'enfant sent qu'on veut le dominer et le contrôler, il se montrera naturellement plus opposant que s'il sent que notre intention est de l'aider et de l'accompagner dans ses apprentissages et son autonomisation. Notre ton et notre attitude ont aussi une place centrale. Notre façon de dire les choses, à travers nos mots et/ou notre corps, peut créer un mur ou un pont entre nous et l'enfant. Si nous nous énervons et que nous lui crions dessus tout le temps, il aura juste envie de s'éloigner et de se boucher les oreilles. Adoptez alors un ton clair et posé pour susciter de l'écoute chez votre enfant.

> Le respect crée de la collaboration, l'irrespect génère de l'opposition.

Créez une connexion en vous approchant de votre enfant, en vous agenouillant à côté de lui ou en lui touchant le bras ou l'épaule.

Restez également bref lorsque vous vous adressez à votre enfant. Très souvent, nous parlons trop et nos enfants s'y perdent. « Allez, Stefano, mets ton pyjama, c'est l'heure d'aller au lit, dépêche-toi. Et vérifie que tu as bien mis tes devoirs dans ton sac. Demain tu as une longue journée et il faut encore que je prépare le pique-nique pour ta course d'école et que je signe ton carnet. Ah ! et puis il faut que je lave ton tee-shirt. Oh là là, j'en peux plus. Allez, dépêche-toi ! »

> Pensez à être concis pour que l'enfant puisse se focaliser sur l'information principale : « Peux-tu mettre ton pyjama s'il te plaît ? »

Le stress, notre ennemi

Nos vies sont souvent remplies de stress. Nous courons sans arrêt et avons tendance à déverser ce stress sur nos enfants : « Mais, qu'est-ce que tu fais ? On va être en retard ! Mais c'est pas possible, t'es tout le temps dans la lune. Allez, on y va, là ! » Cependant, le stress est complètement contre-productif lorsque nous demandons quelque chose à nos enfants. Pourquoi ? Parce qu'il va les contaminer et avoir un impact majeur sur leur comportement.

> Lorsqu'un enfant est trop stressé, son cerveau émotionnel et/ou reptilien prend le dessus et il ne va pas pouvoir nous écouter activement et raisonner logiquement. Il va se mettre à courir, s'agiter, pleurer, s'effondrer par terre, s'opposer ou rigoler de par ce trop-plein de stress en lui.

Pour communiquer efficacement, il est donc important de ne pas vous laisser submerger par le stress. Prenez une bonne inspiration en vous rappelant que le fait de déverser votre tension sur l'enfant va juste empirer la situation.

La cohérence, notre alliée

Si, par exemple, votre enfant vous tape et que vous lui dites « Arrête ! » avec un sourire ou en rigolant, cela va être difficile pour lui de comprendre ce que vous attendez de lui. Il voit que cela vous fait rire (nos enfants ont toujours envie de nous faire rigoler) mais, en même temps, vous lui dites d'arrêter. Le message est confus. Tout comme si vous ne dites rien les 5 premières fois qu'il fait quelque chose puis que vous explosez ensuite.

> Veillez à ce qu'il y ait une cohérence entre vos mots, votre expression faciale et votre attitude quand vous demandez quelque chose à votre enfant. Et faites également attention à réagir rapidement et ne pas attendre trop longtemps avant de dire quelque chose. Sinon, votre enfant ne va plus rien y comprendre.

Adaptez vos demandes à l'âge et aux capacités de l'enfant

L'enfant n'est pas un adulte. Il n'a pas le même cerveau, les mêmes capacités de communication ou la même maturité que nous. Nous ne pouvons pas nous adresser à lui comme on s'adresserait à un adulte ni avoir les mêmes attentes que nous aurions face à une personne de 30 ans. Notre rôle est d'être le coach qui s'adapte à son âge et qui l'aide à apprendre petit à petit. Comment faire ?

Évitez les demandes à distance : allez vers lui !

Lorsque nous demandons quelque chose à nos enfants, nous avons souvent tendance à crier depuis la cuisine ou le salon : « Va prendre ta douche ! » Nos enfants ne bougent pas d'un sourcil, alors nous répétons la demande, puis une fois encore, et nous finissons par exploser car rien n'est fait. Dans ces moments-là, rappelons-nous que de par l'immaturité cérébrale de son cerveau, l'enfant peine à traiter plusieurs informations à la fois, à décrocher de l'activité qu'il est en train de faire et à organiser ses idées pour faire de la place à ce qu'on lui demande.

Je vous propose donc d'aller vers votre enfant lorsque vous souhaitez lui demander quelque chose. Fréquemment, les parents me disent : « Mais je n'ai pas l'énergie et le temps d'aller vers lui. » Je comprends tout à fait et pour avoir plus de ressources, je vous invite à vous référer au chapitre « Nous, parents ! », p. 13. Cependant, le fait de vous répéter, de crier, de vous énerver ou de gérer ensuite la réaction de votre enfant nous prend souvent beaucoup plus d'énergie et de temps que d'aller simplement vers lui pour lui demander de faire quelque chose.

Petit à petit, vous verrez que votre enfant aura moins besoin de votre présence à ses côtés. En attendant, il apprendra plus rapidement avec votre accompagnement et vos encouragements. Patience tout de même car tout comme l'apprentissage de la lecture et de l'écriture, l'autonomisation se fait progressivement et prend naturellement du temps.

Restez là et accompagnez-le

Une fois que vous lui avez demandé, par exemple, d'aller se brosser les dents, ne partez pas. Selon l'âge et les compétences de votre enfant, il aura peut-être besoin que vous restiez pour l'aider à arrêter son jeu et aller vers la salle de bains. Vous pouvez lui donner la main ou lui demander de vous raconter ce qu'il était en train de faire pendant que vous marchez. Si vous restez auprès de lui, il viendra beaucoup plus facilement que si vous l'attendez à la salle de bains. Votre présence va l'aider à passer d'une activité à une autre. C'est un enfant et il a encore besoin d'aide pour planifier et enchaîner certaines tâches. Il ne cherche pas à vous provoquer. Il s'agit donc d'agir comme un coach qui aide l'enfant à exécuter une mission et s'autonomiser petit à petit.

Parfois, les parents me disent : « Oui, mais il part en courant ou il ne bouge pas quand je lui demande de venir se brosser les dents. » Si c'est le cas, vous pouvez aller le chercher et le porter à la salle de bains : « Tu aimes bien quand je te cours après mais là c'est l'heure d'aller se brosser les dents, mon chéri. » De nombreux parents attendent parfois un peu « passivement » que l'enfant fasse ce qu'ils demandent. Trente minutes plus tard, l'enfant n'a toujours pas mis son manteau, par exemple.

> C'est vous le parent et il est rassurant pour l'enfant de sentir que vous barrez le bateau et que vous n'êtes pas complètement perdu dès qu'il s'oppose.

On attrape le manteau, on prend l'enfant par la main ou dans les bras et on sort de l'appartement. L'idée, c'est de ne pas faire cela en lui hurlant dessus ou en perdant le contrôle de ses nerfs. C'est un enfant et il a besoin d'être guidé. Parfois de façon quelque peu directive, certes, mais on peut être ferme tout en étant emphatique et bienveillant ! « Allez, mon cœur, on y va. Je sais, tu n'as pas envie de sortir ce matin [un câlin ou un bisou, par exemple] mais Marc nous attend au parc. Vous allez pouvoir jouer dans le bac à sable. »

Soyez précis et clair dans vos demandes

« N'embête pas trop ton frère. » « Ne cours pas trop. » Ces demandes sont parfois trop floues pour l'âge de l'enfant. Il a besoin que nous soyons précis afin qu'il comprenne vraiment ce qui est attendu de lui. Nous pourrions par exemple dire : « Ne tire pas le tee-shirt de ton frère s'il te plaît. Ça risque de le déchirer. » Ayez confiance !

Nos enfants perçoivent avec une grande sensibilité l'énergie que nous dégageons. Si nous crions, nous leur envoyons malgré nous le signal que nous sommes dépassés et incertains. De même, si nous hésitons constamment, ils le ressentent et réagissent en conséquence. Un enfant qui perçoit notre doute ou notre peur qu'il ne nous écoute pas ne réagira pas de la même manière que s'il sent que nous assumons notre rôle avec calme et assurance.

Ancrez-vous dans votre posture d'adulte, reconnectez-vous à votre confiance intérieure : vous êtes le parent, c'est vous qui guidez votre enfant. Par exemple, si l'heure du départ à la crèche arrive et qu'il refuse de partir, inutile de négocier longuement ou de vous énerver. Prenez-le dans vos bras, donnez-lui un bisou et avancez sereinement.

On confond souvent autorité et confiance. Lorsqu'un enfant n'écoute pas, ce n'est pas par manque de cris ou de sanctions, mais parce qu'il ne nous sent ni pleinement confiants ni totalement présents, absorbés par nos pensées ou préoccupations. En cultivant une attitude ferme et sereine, vous faciliterez votre quotidien et offrirez à votre enfant un cadre rassurant et structurant. Soyez donc confiant et présent… cela changera votre vie de parents et celle de votre enfant !

Décomposez la tâche

Dire à un enfant de 3 ans « Habille-toi » est souvent une demande trop complexe à exécuter à cet âge-là. Pourquoi ? L'habillement est un regroupement de plusieurs sous-tâches. Il faut enfiler un slip/une culotte, puis un pantalon, puis un tee-shirt. Un tout jeune enfant va se sentir perdu dans la complexité de la demande. Par où commencer et comment faire ? Pour l'aider, il faut décomposer les tâches et, par conséquent, lui apprendre petit à petit la séquence d'événements nécessaires à l'habillement. « Tu peux mettre ta culotte. Super, maintenant, tu peux enfiler ton pantalon. Bravo, et maintenant on met quoi ? Oui, le tee-shirt ! »

Nous pouvons appliquer cette méthode à un grand nombre d'activités du quotidien : ranger la chambre, faire les devoirs ou se préparer le matin, par exemple. Dès que nos enfants ne savent pas par où commencer, donnons-leur un coup de main : « Tu ranges les voitures dans le bac rose et je range les livres, OK ? » ou « Tu commences par l'exercice de français et après on regarde les maths, si tu veux. » Si l'enfant se sent envahi par trop d'informations ou par une demande trop complexe, il aura tendance à fuir, s'opposer ou faire une crise car il est déboussolé et se sent en échec. Si nous l'aidons, il va réussir à faire ce qui lui a été demandé et donc va être plus enclin à nous écouter.

Anticipez

Ne demandez pas à votre enfant de s'habiller quand il ne reste plus que 5 minutes avant de partir ou ne l'appelez pas pour venir dîner lorsque tout a déjà été servi. Anticipez un maximum. Pourquoi ? Tout d'abord, parce que tout le monde aime être prévenu un peu à l'avance. Deuxièmement, parce que nos enfants sont des enfants et mettent plus de temps pour faire les choses qu'un adulte. Compter suffisamment de temps et anticiper sont des éléments clés dans notre quotidien de parent. Mais c'est également une forme de respect que de prévenir nos enfants afin qu'ils puissent se préparer sans devoir tout lâcher dans la seconde.

> Attention ! Lorsque votre enfant regarde un écran, il est comme hypnotisé par celui-ci. Si vous lui faites une demande à ce moment-là, il est probable qu'il ne l'entende pas. Invitez-le donc à mettre sur pause ou à vous regarder deux secondes pour être sûr qu'il vous ait bien entendu.

Les bases nécessaires à une bonne écoute

Comme nous l'avons vu dans le chapitre « Les bases nécessaires à l'apprentissage », p. 123, certains éléments sont indispensables pour que nos enfants puissent être en mesure d'apprendre. Observons comment ils s'appliquent à ce contexte d'écoute.

Ses besoins de base doivent être satisfaits

Pour qu'un enfant puisse bien nous écouter, il faut que ses besoins de bases soient satisfaits. Un enfant qui est fatigué ou qui a faim aura beaucoup de mal à écouter, surtout s'il est petit. Il en va de même pour un enfant trop stressé. Veillez à bien remplir leurs différents réservoirs afin qu'ils puissent avoir assez de ressources pour être à l'écoute de ce que vous leur demandez.

L'imitation

Nos enfants apprennent en nous imitant. Si nous ne les écoutons pas et que nous ne répondons que peu à leurs demandes, alors ils vont apprendre à faire pareil. Nous ne pouvons pas attendre d'un enfant qu'il nous écoute si nous ne l'écoutons pas nous-mêmes.

L'importance de la relation

L'écoute et le respect de nos enfants envers nous ne sont pas un dû. C'est quelque chose qui se construit au sein de la relation parent-enfant. Si la relation est faite de tensions, de disputes et de cris, l'enfant aura envie de se distancer et de mettre une carapace. Si nous sommes souvent dans le jugement, que nous le soutenons peu et que nous ne l'écoutons pas, là encore il est peu probable qu'il veuille nous écouter. Mais si nous le soutenons, que nous échangeons, rigolons ensemble, nous câlinons, nous écoutons, alors on crée une relation dans laquelle nos mots auront une importance à ses yeux.

Ce climat de communication et de soutien va être propice au développement d'une relation stable et rassurante et par conséquent amener beaucoup plus de collaboration. L'engrais pour une bonne écoute n'est pas de travailler sur l'autorité mais de travailler sur la qualité de notre relation.

Pour aller plus loin…

Si vous souhaitez mieux comprendre pourquoi cela nous irrite tant quand nos enfants ne nous écoutent pas, vous pourrez trouver des réponses dans le podcast suivant :

Comment faire pour avoir des matins moins stressants ?

Les matins sont souvent décrits par les parents comme des moments de stress et de conflits. Pourquoi ? L'intensité des matins vient principalement de la contrainte de temps et du nombre de tâches à faire dans une durée limitée. Il faut que tout le monde soit prêt à un moment précis. Pas toujours simple quand on a toute une petite tribu qui doit se préparer. Alors, comment faire pour que cela se passe au mieux et avec moins de stress ?

Planifiez assez de temps

Planifions assez de temps de préparation et rappelons-nous que nos enfants sont des enfants. Comptez au minimum 1 heure entre le moment où vous réveillez votre enfant et celui où vous devez partir. Nous l'avons vu, les enfants mettent plus de temps que les adultes pour se préparer et ils ne vont pas enchaîner les choses à faire comme nous le ferions. Ils vont marcher tranquillement du salon jusqu'à la salle de bains en s'arrêtant entre deux pour remettre une pièce sur leur Lego ou en nous posant de multiples questions. Tout se passe donc un peu au ralenti et il est extrêmement important d'en tenir compte dans notre planning si nous souhaitons avoir des matins plus sereins.

Commencez du bon pied

Personne n'a envie de se lever s'il sent que la journée commence d'emblée avec du stress et des choses à faire. « Allez Sienna, c'est l'heure de se réveiller, dépêche-toi, on va être en retard ! »

> Il faut donner envie à nos enfants de se lever. Leur donner envie de découvrir la nouvelle journée qui les attend.

Commencez par accueillir votre enfant avec tendresse et calme. Offrez-lui un réveil agréable et en douceur. Ce moment de connexion donne le ton pour le reste de la journée.

Évitez le multitâche

Le multitâche augmente clairement le niveau de stress de chacun. Le matin, les parents font souvent plusieurs choses à la fois : se préparer, préparer leurs enfants, préparer le petit déjeuner, répondre à leurs e-mails, etc. Ils font tout en même temps et, tout à coup, ça fait trop et ils explosent ! Afin d'éviter ce scénario, essayez de diminuer au maximum le multitâche.

Par exemple, préparez les habits de votre enfant, son sac et/ou la table du petit déjeuner la veille. Laissez également votre smartphone de côté pendant ce moment de préparation familiale. Faire une chose après l'autre est souvent bien plus efficace et rapide que d'essayer de faire tout en même temps, de crier et de finir avec les enfants qui pleurent.

Soyez présent et accompagnez-les

Il fut une époque où vous pouviez émerger tranquillement de votre lit, prendre votre temps et ne penser qu'à vous ou presque. Ce temps est momentanément révolu. Votre enfant n'est pas encore expert dans l'enchaînement des tâches, leur planification ou leur exécution. Il a donc souvent besoin de votre aide pour le guider, lui rappeler ce qu'il a à faire et pour l'encourager. Qui n'a pas connu ce moment où nous partons nous doucher en demandant à nos enfants de s'habiller et, lorsque nous revenons, pas un seul vêtement n'a été enfilé ? L'immaturité de leur cerveau nécessite quelques adaptations de notre part et nous ne pouvons pas avoir les mêmes attentes envers eux que nous aurions envers un adulte. Ainsi, il est important d'être disponible quand les enfants doivent se préparer afin de les aider à accomplir les différentes tâches à effectuer. Avec les plus petits, nous sommes là à chaque étape, et avec les plus grands nous faisons des allers-retours pour nous assurer que tout avance comme il le faut. Si besoin, nous leur donnons un coup de main.

Levez-vous avant votre enfant !

Pourquoi est-ce utile ? Tout d'abord pour éviter le multitâche dont nous avons parlé. En effet, si nous nous levons à la même heure que nos enfants et que nous devons nous préparer en même temps qu'eux, nous aurons trop de choses à faire simultanément et cela va augmenter notre niveau de stress. Ensuite, si nous sommes prêts avant eux, nous serons disponibles pour les accompagner lors des différentes tâches du matin. Je sais qu'en tant que parents nous sommes souvent fatigués et il est difficile d'imaginer de se lever plus tôt. Mais ce changement dans votre routine va créer une réelle différence dans la qualité de vos matins. Essayez donc de vous coucher un peu plus tôt le soir pour mettre en pratique ce changement. Si votre enfant est un lève-tôt, comptez simplement suffisamment de temps pour vous préparer avant de commencer à les préparer.

Faites des demandes efficaces

Nos enfants n'ayant pas le même cerveau qu'un adulte, nous devons adapter nos demandes et la façon que nous avons de nous adresser à eux. Pour plus d'informations sur la manière de faire des demandes efficaces, voir le chapitre « Mon enfant ne m'écoute pas ! », p. 137.

Ayez à l'esprit que votre attitude impacte le comportement de votre enfant. Plus vous stressez, plus vous allez le contaminer avec votre stress. Or un enfant stressé, c'est un enfant qui s'agite, qui écoute moins bien, qui pleure ou qui s'étale par terre et ne fait plus rien. Le fait de crier nous soulage parfois peut-être mais est extrêmement contre-productif. Parlez-lui comme vous aimeriez qu'on vous parle et soyez clair et calme afin que la préparation avance au mieux.

Soyez le gardien du temps

Gardons en tête votre planning du matin. Par exemple : à 7 h les enfants se lèvent, à 7 h 20 ils ont fini leur petit déjeuner, à 7 h 45 ils ont fini de s'habiller et de se brosser les dents et on se prépare tranquillement à quitter la maison. Le planning sera évidemment adapté à l'âge de nos enfants. Un petit de 2–3 ans aura, par exemple, besoin de plus de temps pour mettre sa veste et ses chaussures alors qu'un ado de 12 ans aura besoin de plus de temps pour se coiffer.

Les plus petits doivent être accompagnés étape après étape. « Tu as fini le petit déjeuner ? Allez, viens, on va s'habiller. » Pour les plus grands, un petit rappel qu'il est l'heure de commencer à s'habiller ou se coiffer suffit. Il ne s'agit pas d'être devant eux comme un sergent-chef muni d'un chronomètre mais plutôt d'être un gardien du temps qui aide la famille à avancer et ne pas se retrouver à 7 h 45 en criant sur tout le monde car rien n'a été fait.

Créez une routine

Plus la routine de l'enfant est claire, régulière et stable, plus il sera facile pour lui de l'intégrer. Si un jour, il se réveille à 7 h 10, prend son petit déjeuner puis s'habille et que le lendemain il se réveille à 7 h 30, s'habille puis prend son petit déjeuner, cela peut devenir confus et stressant pour lui. Les enfants ont peu de contrôle sur leur vie et il est réconfortant pour eux de pouvoir anticiper et savoir ce qui va se passer. Cela les aide à comprendre comment leur monde fonctionne et quelles sont les différentes étapes qui composent leur journée. Veillez donc à ne pas changer de routine chaque matin.

Attention au sommeil

Plus nos enfants seront fatigués, plus ils vont avoir de la peine le matin. Ils risquent de pleurnicher, de se plaindre, de s'opposer et de ne pas écouter. En voyant le temps qui défile, ces comportements vont peut-être nous tendre, nous énerver et créer des conflits. Pour avoir des matins sereins, il est essentiel que nos enfants aient suffisamment dormi !

Sortir du rapport de force

Le matin est un moment d'apprentissage et de préparation et non un rapport de force ou un combat. C'est dans ces moments que nos enfants apprennent à s'autonomiser, à prendre des décisions et à gérer leur temps. Tout cela, ils ne l'apprennent pas dans la bataille ou dans les cris mais au travers de notre présence et de notre accompagnement.

La préparation émotionnelle

Le matin n'est pas uniquement un moment de préparation physique mais aussi un moment de préparation émotionnelle. Si nous nous disputons et que nous crions d'emblée dès le matin, nos enfants vont partir à la crèche ou à l'école avec plus de tensions internes. Cela peut engendrer des difficultés de concentration, augmenter leur irritabilité et les remplir d'émotions difficiles pour la journée. Les moments du matin sont donc également une opportunité de partage et de connexion qui vont recharger les batteries de nos enfants et leur donner suffisamment de ressources pour traverser la journée à venir.

Comment aider nos enfants à construire une belle relation de fratrie ?

Lors de la naissance d'un petit frère ou d'une petite sœur

Commençons par remettre les choses dans leur contexte. Votre aîné est en train de vivre un vrai bouleversement : l'arrivée d'un bébé, moins de temps avec maman et papa, les parents qui sont fatigués, moins souriants, moins dynamiques et qui sont complètement gagas de ce petit bout de chou qui ne parle pas et qui ne bouge pas. Vous lui dites sans arrêt que vous l'aimez et que ça ne change rien, mais dans les faits, beaucoup de choses changent et surtout le temps qu'il passe avec vous. Votre aîné peut donc se mettre à douter quant à votre amour et à votre relation.

Le psychologue Haim Ginott propose de partager les mots suivants avec nos enfants avant l'arrivée de leur petit frère ou petite sœur : « Des fois, il va être amusant ; d'autres fois, il va te déranger. Des fois, il va pleurer et être agaçant pour chacun de nous. (...) Tu te sentiras peut-être laissé de côté. Tu pourras te sentir jaloux. Quand tu te sentiras comme ça, n'oublie pas de venir m'en parler et je te donnerai de gros câlins pour que tu cesses de t'inquiéter. Tu sauras que je t'aime[1]. »

Vous pourrez reformuler cela avec vos propres mots pour que votre enfant sente l'authenticité de votre message. L'essentiel est de lui transmettre que vous comprenez l'ambivalence de son sentiment (« j'aime ma petite sœur et en même temps parfois j'aimerais la renvoyer à la maternité »), que vous comprenez qu'il y a eu beaucoup de changements pour lui, mais que quoi qu'il arrive vous serez toujours là pour l'écouter, le câliner, le soutenir et lui prodiguer votre amour.

1. Dr Haim G. Ginott, *Entre parent et enfant*, L'Atelier des Parents, 2013.

Voyons quelques points importants qui vous aideront à accompagner votre enfant dans cette expérience de la fratrie.

Posez les bases d'une bonne relation

Acceptez et autorisez l'ambivalence de son sentiment

Parfois, ils adorent être avec leur petit frère ou leur grande sœur et parfois ils sont très en colère contre eux ou très jaloux. C'est normal ! Si on leur dit qu'ils n'ont pas le droit de ressentir cela, on crée une tension en eux et de la culpabilité. Saisissons les opportunités du quotidien pour leur permettre d'exprimer cette ambivalence. « Je vois que tu es fâché que ton frère t'ait pris ton jouet, je comprends », ou bien « Je vois que tu es fâché que je porte ton petit frère et pas toi, je comprends, mon cœur. » Ces émotions sont normales et il ne sert à rien de vouloir les étouffer. En les acceptant, l'enfant pourra construire une relation saine avec son frère ou sa sœur.

Écoutez-le et offrez-lui de l'empathie

Laissez un espace de parole à votre enfant pour exprimer ce qu'il ressent sans vous justifier ou essayer de lui montrer qu'à vos yeux il a tort. Par exemple, si votre enfant vous dit : « Tu t'occupes tout le temps de ma sœur et jamais de moi », ne commencez pas par lui faire une longue liste des choses que vous faites avec lui pour lui prouver que ce n'est pas le cas. Commencez par écouter. « C'est vrai, tu penses cela ? Raconte-moi, je t'écoute. » Une fois que votre enfant a fini de vous expliquer comment il se sent (ne l'interrompez pas toutes les deux secondes), vous pouvez lui dire quelque chose comme : « Je ne savais pas que tu ressentais cela, merci de me l'avoir dit. »

> Rappelez-vous que les relations ne sont pas faites de vérités objectives, mais de vécus subjectifs. On a tous le droit d'avoir des ressentis différents.

Vous pouvez ensuite bien sûr partager votre vision des choses : « De mon côté, je n'avais pas l'impression de passer plus de temps avec ta sœur. J'avais l'impression qu'on faisait beaucoup de choses toi et moi, mais peut-être pas assez à ton avis. Je comprends parfaitement. Tu as bien fait de m'en parler. »

Ensuite, essayez de répondre à son besoin de connexion avec vous : « Est-ce que tu sais ce qui pourrait te faire sentir mieux ? Aurais-tu besoin d'un gros câlin ou de passer un moment avec moi ce week-end, ou bien as-tu une autre idée ? Chaque fois que tu te sens ainsi, tu pourras venir me le dire. »

Différenciez les émotions des comportements

Il a le droit d'être jaloux et d'être en colère car toutes les émotions sont acceptables, mais pas tous les comportements ou tous les mots. « Je vois que tu es en colère, mais on ne tape pas/on n'insulte pas. »

Montrez-leur qu'ils sont uniques

Souvent, nos enfants nous demandent si nous les aimons de la même façon l'un et l'autre. Il est important de leur rappeler qu'ils sont uniques. Comme le disent Faber et Mazlish dans leur livre sur la fratrie[2] : « Il n'y a qu'une personne comme toi dans le monde entier et personne ne pourra jamais prendre ta place. » Vous n'avez pas besoin de toujours faire la même chose pour l'un et l'autre afin de leur montrer qu'il n'y a pas de préféré. Ce sont deux individus différents et ils n'ont pas les mêmes besoins. Au lieu de vous soucier de tout faire à l'identique, concentrez-vous sur les besoins individuels de chacun. Certains de nos enfants ont besoin de beaucoup rigoler, d'autres de faire des activités ensemble, d'autres de moments de grands câlins, etc.

Accordez-leur aussi des avantages en fonction de l'âge pour qu'ils sentent que chaque âge a ses bénéfices et que tout n'est pas pareil. Vous passez plus de temps à porter le plus petit, mais le plus grand se couche un peu plus tard ou joue à des jeux de société, par exemple.

Remplissez la relation

Essayez d'avoir des petits moments seul avec chacun d'entre eux lors desquels vous vous concentrez uniquement sur l'enfant avec qui vous êtes. Posez le smartphone, la tablette ou autre et jouez à quelque chose qui lui fait plaisir. Il n'y a pas besoin de longs

---

2. Adele Faber et Elaine Mazlish, *Frères et sœurs sans rivalité*, éditions du Phare, 2023 (traduction de la citation par l'autrice depuis la version originale en anglais).

moments (10-15 minutes), faites en fonction du besoin de votre enfant et de la réalité de votre quotidien.

Lorsque l'un de vos enfants se dispute beaucoup avec son frère ou sa sœur, qu'il le ou la critique souvent et qu'il vous fait beaucoup de reproches, c'est peut-être une façon de vous dire qu'il a besoin de passer plus de temps avec vous. C'est une bonne opportunité pour organiser une journée avec votre enfant et vous verrez que la tension dans la fratrie va rapidement redescendre après cela.

Ne cherchez pas à diminuer la rivalité en cachant les gestes de tendresse envers le plus petit ou le plus grand

Ils auraient l'impression qu'on leur cache quelque chose – à juste titre d'ailleurs – et ils douteront de notre amour envers eux et de la confiance qu'ils peuvent nous porter. Écoutez-vous et exprimez librement, à chacun de vos enfants, vos signes d'affection quand vous le souhaitez.

Ne faites pas de comparaisons

Nous augmentons souvent la rivalité avec nos remarques : « Regarde ton petit frère, lui ne fait jamais de crise » ou bien : « Elle, à ton âge, elle parlait déjà bien. » Ce type de phrase est à éviter absolument. Valorisez ce que vos enfants savent faire, ne les comparez pas de manière compétitive et ne les humiliez pas. S'ils vous disent : « Moi, j'ai marché avant Louis. Je suis beaucoup plus fort ! » Vous pouvez répondre : « Oui, c'est vrai, tu as marché très tôt. Et Louis a parlé très tôt. On a tous des choses qu'on fait plus facilement et d'autres qui nous prennent plus de temps à apprendre. On est tous différents. »

Si votre enfant vous répète à quel point il est plus fort, décodez ce qu'il essaie de vous dire : « Je vois que tu veux me montrer comme tu es fort. Et tu veux me dire que tu es plus fort que ton frère. Je te trouve très, très fort, mon cœur. Et ton frère aussi. On est tous différents et je vous aime tous les deux énormément. Et vous n'avez pas besoin d'être forts pour que je vous aime. Je vous aime quoi que vous fassiez. C'est comme ça. »

Ne soyez pas le juge des disputes, mais le coach des relations

Lors d'une dispute, plutôt que de sans cesse punir l'un ou l'autre des enfants, de juger qui a raison et qui a tort en cherchant qui a fait quoi, demandez-leur : « Qu'est-ce qui se passe ? » Ne cherchez pas un coupable, mais plutôt une solution à une situation donnée : « Vous voulez toutes les deux jouer avec la même poupée. OK, alors comment pourrait-on faire ? Vous avez une solution ? Vous voulez que je vous aide à en trouver ? »

Souvent, lors de conflits, on envoie juste chacun des enfants dans leur chambre pour que cela cesse. Mais qu'apprend-on réellement à nos enfants dans ces moments-là ? À résoudre des conflits ? Certainement pas. Du coup, lorsqu'ils seront confrontés à nouveau à un différend avec leur fratrie, ils n'auront pas appris comment le résoudre et répéteront simplement les mêmes comportements que la fois précédente. Au lieu de les séparer, intéressez-vous à ce qui se passe afin de les aider à développer leurs compétences sociales. Si l'un des deux a tapé, mettez une limite en disant « non » mais intéressez-vous au pourquoi. « Tu étais fâchée que ta sœur prenne ton jouet, c'est ça ? Je comprends, mais on ne tape pas. Tu peux lui dire non ou venir me chercher mais on ne tape pas. » Si nous agissons en tant que juges et que nous ne nous intéressons qu'aux comportements mais pas au pourquoi, cela aura plusieurs conséquences. Tout d'abord, l'enfant va ressentir une immense injustice en ne se sentant pas compris (c'est son frère qui l'a embêté mais c'est lui qui se fait punir). Nous ne faisons alors qu'augmenter le sentiment de colère et de rivalité entre nos enfants. « C'est à cause de toi que je me suis fait punir, je te déteste ! » ou bien « Toi, t'es le chouchou de maman car tu ne te fais jamais punir. »

Deuxièmement, et c'est là un des aspects les plus importants, nous ne leur apprenons pas comment exprimer cette colère de façon constructive. Nous leur disons juste d'arrêter. Mais que feront-ils la prochaine fois qu'ils seront en colère ? Auront-ils appris à faire différemment ? Non, ils feront exactement la même chose que la fois précédente. Notre rôle est donc de voir au-delà des comportements et de comprendre ce que nos enfants vivent et ressentent et de les aider d'exprimer cela de façon constructive. C'est ainsi qu'ils pourront vraiment cesser de taper, crier, hurler, car ils seront entendus et équipés pour gérer des conflits autrement et trouver des solutions.

Les relations de fratrie sont un incroyable terrain d'apprentissage des relations sociales, d'empathie, d'affirmation, de résolutions de conflit, de recherche de solutions. Plutôt que de simplement leur dire d'arrêter, saisissons ces opportunités pour les aider à développer ces compétences sociales si précieuses dans la vie de tout être humain.

Ne vous arrêtez pas en si bon chemin et afin d'approfondir cette question, rendez-vous dans le podcast « Les conflits dans la fratrie, que faire concrètement ? ».

Rappelez-vous qu'une relation aimante n'est pas une relation lisse et sans conflits

Il est important de savoir gérer des désaccords afin de renforcer notre relation et saisir qu'on peut survivre à cela et s'aimer malgré tout. Le but n'est pas d'éviter d'avoir des différends, mais de donner des outils à nos enfants pour qu'ils apprennent à gérer ces différends de façon constructive et respectueuse. La relation de fratrie est un magnifique terrain d'apprentissage des relations humaines. Saisissons ces opportunités pour les aider à grandir et développer leurs compétences d'interactions sociales !

Attention au modèle que l'on fournit en tant que parent

Nous nous énervons souvent sur nos enfants lorsqu'ils se disputent, mais regardons le modèle que nous leur donnons. Si, au sein de notre couple, nous nous hurlons dessus au moindre désaccord, il faut s'attendre à ce que nos enfants fassent la même chose entre eux et/ou avec nous. Nous avons le droit d'être fâchés et contrariés, bien sûr, mais pas de l'exprimer n'importe comment. Apprendre à gérer et réguler nos propres émotions en tant que parents est fondamental si nous souhaitons que nos enfants apprennent à faire de même.

Dans la même logique, nos enfants apprennent en nous regardant interagir avec eux. Gérons nos différends avec nos enfants de la façon que nous aimerions qu'ils les gèrent entre eux. Utilisons le *je* plutôt que le *tu* (« je suis fâchée » plutôt que « tu es insupportable »), parlons de façon respectueuse à nos enfants, soyons empathiques et aidons-les à trouver des solutions face aux problèmes qu'ils rencontrent. Ces interactions leur donnent quotidiennement un modèle sur lequel ils vont s'appuyer pour construire leurs propres compétences relationnelles.

Comment aborder le temps des devoirs sereinement ?

Comment faire quand nos enfants ne veulent pas faire leurs devoirs et que ces moments se terminent en conflits et en disputes ?

Commencez par instaurer de bonnes bases

La priorité

Il est primordial de faire ressentir à nos enfants que notre priorité, c'est eux, leur bien-être, leur bonheur, leur développement. Pourtant, nous leur donnons parfois l'impression que ce qui importe le plus, c'est l'école. « Comment s'est passée ta journée, as-tu été sage, as-tu eu de bonnes notes ? » Essayons plutôt de leur demander s'ils se sont bien amusés, s'ils ont bien joué avec les copains-copines, s'ils ont fait quelque chose qu'ils aimaient ou s'ils ont eu des contrariétés durant leur journée. Montrons-leur que l'on s'intéresse à eux et à leur bien-être.

Pourquoi ? Le risque, si nous leur donnons l'impression que l'école est notre priorité, est qu'ils entrent en rivalité avec elle et l'investissent négativement. « J'en ai marre de l'école, elle prend toute l'attention de mes parents ! Et moi alors ? » Vu le nombre de disputes qui peuvent avoir lieu à cause d'une note ou d'un comportement en classe, on comprend que les enfants puissent associer l'école à de la négativité et avoir du mal à la voir comme une alliée dans leur vie. Redonnons à la scolarité sa juste place.

L'école, c'est leur histoire

La deuxième étape est de leur transmettre que l'école appartient à leur histoire, leur vie. Ils ne font pas leur scolarité pour nous. Ils la font pour eux. Ils doivent avoir envie d'investir l'école pour construire leur vie à eux. Bien sûr que nous allons les accompagner sur ce chemin mais ce sera leur histoire et leur parcours. L'école et les résultats scolaires ne sont pas là pour flatter notre ego mais pour leur donner les cartes en main pour construire un avenir qui leur corresponde et qui les motive.

Prendre soin d'eux

Quand nous nous intéressons à nos enfants, à leur bien-être, à leur santé, à leurs émotions, ils apprennent petit à petit à faire la même chose. Ils intègrent l'idée qu'ils ont une valeur et qu'il est essentiel de prendre soin de soi. Or, si l'enfant a une bonne estime de lui, il va aussi donner de l'importance à l'école.

Parce qu'investir l'école, c'est prendre soin de soi, de son avenir. C'est comprendre que notre route est importante et que nous voulons avoir la possibilité de construire une belle aventure pour notre vie future. Si vous pensez que vous n'avez aucune valeur, pourquoi est-ce que vous vous intéresseriez à votre avenir ? Ce n'est pas en mettant une énorme pression sur l'école qu'ils apprendront cela. La relation que nous construisons avec nos enfants va influencer la façon dont ils se traiteront eux-mêmes et, par conséquent, la façon dont ils auront envie de prendre soin d'eux et de leur scolarité.

Les aider à découvrir leurs habilités et leurs compétences

Certains enfants ont des facilités à l'école et d'autres moins. Mais alors, que ressentent ceux qui ne sont pas particulièrement bons scolairement ? Si l'enfant pense que seules comptent les notes et qu'il a de mauvais résultats, il va avoir tendance à se dévaloriser et se décourager. « Je suis nul, je n'y arrive pas ! » S'il pense que les notes sont le reflet de l'intelligence, cela pourra avoir un impact majeur sur sa confiance et son estime de soi. Nous devons faire extrêmement attention à cela. Parce que moins un enfant s'aime, moins il aura envie de s'intéresser à son avenir, de prendre soin de sa vie et de rêver à un futur qui l'inspire.

Il est donc primordial d'aider nos enfants sur deux aspects. Tout d'abord de les amener à comprendre qu'il y a plusieurs formes d'intelligence (cognitive, émotionnelle, sociale, artistique, etc.) et que l'école reflète une certaine forme d'intelligence mais pas toutes. Ce n'est pas parce que l'enfant n'a pas de bonnes notes qu'il n'est pas intelligent ! Loin de là. Ensuite, aidons-les à trouver des activités extrascolaires qu'ils aiment et dans lesquelles ils se sentent compétents et à l'aise. On souhaite qu'ils découvrent leur lumière intérieure, leur force, ce qui les fait vibrer et ce dont ils sont capables. Tout le monde est bon dans quelque chose. À nous d'aider nos enfants à découvrir leurs capacités. Cela va augmenter leur estime et leur confiance en eux. Et c'est ce sentiment de valeur interne qui va leur donner la force et la motivation de s'accrocher à l'école et d'investir leur scolarité pour construire leur avenir.

Montrons à nos enfants que, quel que soit leur niveau académique, nous les trouvons formidables et compétents. Cet amour inconditionnel, cette confiance dans le fait d'être aimé dans sa globalité et pas uniquement si on a de bonnes notes, constitue une base essentielle pour un enfant. Donnons-leur ces fondations solides qui les porteront pour construire leur estime d'eux-mêmes et leur parcours professionnel et personnel.

Notre attitude

L'école génère souvent de nombreuses inquiétudes et peurs chez les parents. « Est-ce que mon enfant va réussir, va-t-il avoir de bonnes notes, va-t-il échouer ? » On voit l'école comme une des choses les plus importantes dans la vie de nos enfants. Cependant, essayez de ne pas vous laisser envahir par de telles peurs. Si votre enfant a des difficultés scolaires, ne cédez pas à la panique. Aidez-le, essayez de comprendre ce qui se passe, discutez-en avec les enseignants, contactez des professionnels qui pourront vous accompagner, mais ne déversez pas votre stress sur votre enfant. Plus il vous sentira inquiet, plus il se mettra de la pression et moins son cerveau sera capable d'écouter, d'assimiler, de retenir et de réfléchir. Lorsque nous sommes face à une difficulté, nous avons besoin de sentir que la personne en face de nous a confiance, qu'elle nous soutient et qu'elle croit en nous et en nos compétences. Nous devons transmettre à nos enfants le message que, petit à petit, ils vont y arriver et ils vont trouver leur chemin. Ils ont besoin de notre confiance afin de croire en eux et trouver les ressources nécessaires pour faire face aux défis de la vie.

Une routine claire

Il est parfois aidant d'instaurer une routine claire avec l'enfant concernant les devoirs. Discutez-en avec lui afin de convenir ensemble du ou des meilleurs moments dans la semaine pour s'y consacrer. Si l'enfant a une structure claire dans la tête (il sait que les devoirs se font le dimanche, par exemple), cela va l'aider à anticiper, à s'y préparer et donc à se sentir moins frustré le moment venu. Certains enfants ont besoin qu'on leur rappelle cette routine et d'autres s'organisent très bien tout seuls. À vous de vous adapter aux besoins et aux compétences de votre enfant.

Comment faire concrètement quand vient le moment de faire les devoirs ?

L'entrée en matière

Comme toujours, notre entrée en matière joue un rôle clé dans les moments de communication. Si d'emblée nous haussons le ton ou nous semblons frustrés ou stressés, nos enfants risquent d'être sur la défensive et en opposition. Ils reçoivent une vague émotionnelle intense de notre part et dressent un mur devant eux pour se protéger. Essayons d'adopter une attitude qui crée de la collaboration et de l'écoute. Pour cela, imaginons la façon dont nous aimerions qu'on s'adresse à nous.

Ne montez pas en symétrie

Si votre enfant manifeste de la frustration ou un manque d'envie, laissez-le évacuer cette émotion. N'en rajoutez pas en lui disant que maintenant ça suffit et qu'il doit s'y mettre tout de suite ! Parfois, on a juste envie de se plaindre et on n'a pas besoin de quelqu'un qui nous dise : « Tu sais, c'est important les devoirs, tu dois t'y mettre maintenant parce que sinon tu n'auras pas le temps, les devoirs c'est obligatoire, allez dépêche-toi. » Montrez juste de l'empathie et de la compréhension : « Je comprends. C'est pas fun, les devoirs, parfois. » Faites-lui un câlin et aidez-le à débuter son travail. Nous pensons souvent que le fait de comprendre une émotion va l'amplifier. Bien au contraire. L'empathie aide à réguler, gérer et diminuer l'intensité émotionnelle.

Accompagnez-le

Si besoin est, accompagnez votre enfant pour débuter son travail. Mettez une main sur son épaule et créez une connexion pour l'aider à s'y mettre.

Aidez-le à morceler ses devoirs

En voyant tout le travail qui l'attend, l'enfant peut parfois se bloquer. Aidez-le à décomposer les devoirs en différentes petites parties. Il pourra en faire une aujourd'hui puis une autre demain. Ou une partie maintenant et l'autre plus tard dans la journée. C'est un apprentissage extrêmement utile que de savoir morceler les tâches et ne pas se sentir englouti par une trop grande quantité de travail. Certains enfants préfèrent faire leurs devoirs plusieurs fois par semaine mais par petits bouts et d'autres préfèrent tout finir d'un coup. Adaptez-vous à la situation et au style de votre enfant. Vous pouvez aussi lui demander s'il préfère commencer par les exercices faciles ou difficiles.

Une fois qu'il s'est mis au travail, laissez-le faire. Venez voir, de temps en temps, comment les choses avancent et s'il a besoin de votre aide. Mais ne restez pas systématiquement à côté de lui tout du long. En notre présence, certains enfants deviennent plus passifs, se déconcentrent et s'attendent parfois à ce qu'on fasse le travail à leur place. C'est la porte ouverte aux conflits. En revanche, n'oublions pas que tous les enfants sont différents et certains, au contraire, travaillent mieux lorsqu'on reste à leur côté. Comme toujours, observez votre enfant pour voir quelle approche convient le mieux.

Le lieu

Choisissez un lieu dans lequel l'enfant peut se concentrer. Il ne doit pas y avoir de musique (sauf pour les préados et ados s'ils le souhaitent et si cela ne les déconcentre pas) ou d'écran qui attirerait son attention. Certains enfants aiment travailler seuls dans leur chambre et d'autres dans le salon ou la cuisine près de nous. À voir ce qui convient le mieux à votre enfant.

Laissez-les bouger

Le mouvement aide à réfléchir et à penser. Les enfants tournent parfois sur leur chaise, tapotent la table, bougent leurs jambes, etc. N'obligez pas votre enfant à être immobile. Ce mouvement peut réellement l'aider à se concentrer et à bien travailler.

Nos réactions

Faites attention à vos réactions lorsque votre enfant vous demande de l'aide. Si, dès qu'il ne comprend pas quelque chose, vous vous énervez, le critiquez ou le stressez, alors il associera les devoirs à quelque chose de très négatif et va éviter cela comme la peste. Aidez donc votre enfant à associer ces moments à des encouragements, du soutien, de la valorisation et du positif. Ainsi, il se mettra beaucoup plus facilement au travail.

Mon enfant ne veut pas faire ses devoirs, que faire ?

Comme toujours, lorsque nos enfants refusent de faire quelque chose, cherchons à comprendre pourquoi. Qu'est-ce que nos enfants essaient de nous dire à travers leur comportement ?

La fatigue

Parfois, ils ne veulent pas faire leurs devoirs car ils sont juste trop fatigués. Si cela se répète fréquemment, il faut agir en amont et s'assurer qu'ils ont assez de sommeil et de temps de récupération. Ils ne doivent pas enchaîner les activités extrascolaires, lors desquelles il y a encore des règles et des contraintes à respecter. Ils ont besoin de moments tranquilles pour jouer dans leur chambre avec les copains-copines du quartier ou avec leur frère ou sœur. L'emploi du temps de nos enfants doit être adapté à leurs besoins. Plus les enfants auront des temps de récupération, plus ils auront des ressources pour travailler, se concentrer et réfléchir.

Trop de pressions et de conflits

Parfois, nos enfants refusent de faire leurs devoirs car l'école est une trop grande source de stress et de pression à la maison et ils cherchent juste à fuir cela. Est-ce que c'est le cas chez vous ? Si oui, il est important de changer ce climat et de diminuer la pression que vous mettez sur votre enfant. Essayez de comprendre pourquoi vous agissez de la sorte. Souvent, ce sont nos peurs et notre propre histoire scolaire qui nous poussent à être dans la colère et le stress. Faites-vous aider, au besoin, pour calmer vos inquiétudes et diminuer la tension familiale concernant la scolarité de votre enfant.

Difficulté d'apprentissage

Nos enfants peuvent également éviter de se mettre au travail car ils sont en difficulté. Il est compliqué pour eux d'écrire, de lire ou de se concentrer, cela leur demande un effort énorme. Si vous suspectez que c'est le cas, alors n'hésitez pas à en parler à l'enseignant et au pédiatre. Un enfant en difficulté doit être aidé afin qu'il ne perde pas confiance en lui et qu'il acquière des outils pour l'aider dans ses apprentissages.

D'autres raisons

D'autres raisons amènent nos enfants à ne pas vouloir faire leurs devoirs. Parfois c'est juste de la frustration, parfois ils se sont disputés avec une amie et n'ont pas la tête à cela, parfois c'est un sujet qu'ils trouvent particulièrement difficile, etc. Ne rentrons pas dans un rapport de force et essayons de les comprendre. C'est une formidable opportunité pour les aider à faire face à une difficulté, à trouver des solutions et se sentir soutenus.

Au secours ! Les repas sont compliqués

« Il se lève sans arrêt, il ne veut pas manger, il ne se tient pas bien à table… » Les moments de repas contiennent leur lot de challenges. Voyons quelques points clés pour vous faciliter la vie et aider votre enfant à apprendre les règles de vie en communauté.

Des attentes réalistes

Il est important de débuter avec des attentes réalistes. Si vous souhaitez avoir une conversation à table avec votre partenaire alors que vos enfants ont, par exemple, 5 et 3 ans, je vous souhaite bonne chance ! Lorsque nos enfants sont encore petits, la priorité est qu'ils puissent manger relativement « rapidement » avant d'être trop fatigués et d'aller se coucher. Ils ont besoin de beaucoup d'attention pour rester concentrés sur leur repas. De plus, ils n'ont souvent pas beaucoup vu leurs parents durant la journée et le repas est une merveilleuse opportunité pour échanger, parler, remplir leur réservoir de besoin d'attention et de connexion et décharger leurs tensions de la journée. Une fois les enfants au lit, vous aurez le temps de parler avec votre partenaire. Plus vos attentes seront réalistes, moins vous serez frustré et stressé.

Les parents me disent souvent : « Mais j'aimerais lui apprendre à ne pas nous interrompre lorsqu'on parle en couple. » Je comprends et c'est un apprentissage essentiel pour leur vie sociale que de ne pas sans cesse interrompre les autres. Mais, comme tout apprentissage, nous devons commencer petit à petit. On ne va pas faire une piste noire alors qu'on vient de commencer à apprendre à skier. Choisissez donc le bon dosage. C'est-à-dire que votre enfant de 3 ans peut attendre un petit moment, mais pas 5 minutes entières. Commencez par des tranches de quelques secondes d'attente, puis augmentez progressivement. Choisissez également le moment de l'apprentissage, car le soir nos enfants ont beaucoup moins de ressources que le week-end ou la journée, par exemple. Essayez donc de faire en sorte que les soirs de semaine, la priorité soit que votre enfant mange bien et qu'il échange suffisamment avec ses parents afin d'aller ensuite se coucher bien rassasié et détendu sur le plan émotionnel.

Le repas devrait être un moment de plaisir et d'échange et non pas de tension. Profitez-en pour aider votre enfant à parler de sa journée s'il ne le fait pas spontanément : « Tu as joué à quoi aujourd'hui à la récré ? » « Ah, super, tu as aimé ce jeu ? » « Et c'était avec qui que tu as joué à cela ? » « Et en classe, vous avez fait quelque chose de chouette ? » Ou encore : « Quel est le moment de la journée que tu as préféré ? Et celui que tu as le moins aimé ? » Si votre enfant vous raconte une dispute entre amis ou le fait qu'il s'est fait gronder en classe, écoutez sans juger ni critiquer, sinon il n'aura plus envie de vous raconter quoi que ce soit. De plus, lorsque l'enfant se sent suffisamment écouté, il apprend alors à bien écouter les autres.

> Le fait de parler de sa journée va l'aider à se détendre et relâcher sa tension. Il sera plus calme le soir et plus détendu pour aller au lit.

Mon enfant ne tient pas en place à table

Si vous vous levez et faites plusieurs choses à la fois, votre jeune enfant va vous imiter et se lever à son tour. Essayez d'anticiper et d'apporter tout le nécessaire à table afin de ne pas avoir besoin de vous lever vingt fois. Si vous restez assis, il vous observe et apprend qu'on reste assis lorsqu'on mange.

La deuxième règle, c'est que plus votre enfant est petit, plus le repas doit être rapide. Il est difficile pour lui de rester longtemps à table. Cependant, il doit comprendre qu'on mange assis à table et que maman et papa ne vont pas lui courir après dans tout l'appartement pour lui donner une cuillerée de compote. Nous pouvons « occuper » les plus petits en leur racontant une petite histoire, en leur posant des questions rigolotes ou en leur offrant notre attention.

Mais pas d'écrans à table pour aider votre enfant à rester assis ! Les repas sont des moments précieux d'échange avec vous qui lui permettent de remplir son besoin de connexion et de relâcher la tension de la journée. Il ne connaîtra pas tous ces bénéfices s'il est sur les écrans. Par ailleurs, un enfant devant un écran n'écoute pas son sentiment de satiété, il mange comme un automate… ce qui est la porte ouverte au surpoids.

Pour certains enfants, évitez également de proposer des écrans après manger car ils seront impatients d'aller les allumer et mangeront en deux minutes et souvent pas à leur faim. Veillez à ce que votre enfant soit bien assis dans une chaise où il a de bons appuis pour ses pieds, où il est bien contenu, où il ne glisse pas trop et où il ne tourne pas dans tous les sens.

Un enfant trop fatigué aura aussi du mal à rester assis durant le repas. Attention donc à ne pas manger trop tard le soir. De nombreux enfants aiment manger aux alentours de 18 h 30. Ils ont ainsi assez d'énergie pour bien manger, parler et rester concentrés sur le repas. Si votre enfant se lève tout le temps et qu'il n'est pas tout petit, essayez de décoder. Pourquoi fait-il cela ? Y a-t-il trop de tensions à table ? Est-ce qu'il ne se sent pas entendu ? A-t-il de la peine à se poser et est toujours en mouvement ? Plus on comprend les causes du comportement, plus nous pouvons y répondre de façon efficace et pertinente.

Lui apprendre à traverser la frustration

« Qu'est-ce qu'on mange, maman ?

— Du poulet avec du riz et des courgettes.

— Oh non, je déteste les courgettes ! C'est dégueu ! »

Souvent, lorsque nos enfants sont frustrés à cause d'un menu, nous réagissons au quart de tour : « Oh ça suffit ! tu te plains tout le temps, moi je me suis donné de la peine pour faire ce repas. J'en ai marre de ces caprices », etc. Personnellement, je me souviens qu'en tant qu'adolescente, je rêvais parfois d'avoir mon propre appartement pour pouvoir me préparer ce que je voulais à manger et quand je le voulais.

Il est vrai que ce n'est pas facile pour nos enfants car ils ont très peu de contrôle sur les repas. Commençons donc par nous mettre dans leurs baskets. Ensuite, laissons juste le soufflé redescendre. Soyons empathiques tout en les aidant à apprendre comment exprimer leur frustration de façon acceptable : « Je comprends que tu avais envie d'autre chose. Par contre, je me donne du mal pour faire à manger et si tu n'es pas content, j'aimerais que tu me le dises autrement. Tu peux me dire : “Maman, je n'aime pas ça”, sans crier, par exemple. » Si nous montons en symétrie, cela va augmenter la réaction de nos enfants et créer un cercle vicieux.

Pour donner un sentiment de contrôle à nos enfants, nous pouvons établir un soir dans la semaine où le menu est leur plat préféré.

Bien sûr, il faut que cela reste un repas relativement sain et acceptable pour nous. Mais souvent, le fait de savoir que tel soir ils mangeront le plat qu'ils adorent va leur permettre de traverser beaucoup plus facilement les frustrations du reste de la semaine.

Si votre enfant ne veut rien goûter de nouveau et réclame toujours les mêmes aliments, commencez par donner l'exemple. Mangez varié sans dire à votre enfant « Regarde, moi je mange de tout ! » En vous observant, il découvrira simplement que cela peut être agréable et plaisant. Lors des repas, assurez-vous que votre enfant a au moins un aliment qu'il aime dans son assiette. Ainsi, vous êtes sûr qu'il mangera quelque chose. Sur la table, offrez parfois un choix d'aliments que chacun pourra prendre à sa guise. Proposez-lui, de temps en temps, de goûter quelque chose de nouveau. Soyez empathique et encourageant et n'entrez pas dans un rapport de force s'il refuse de goûter. Il va y arriver petit à petit et ce n'est pas en criant qu'il se montrera plus enclin à découvrir des aliments. C'est grâce à votre confiance, à l'exposition progressive, à votre modèle et à vos encouragements qu'il osera tester de nouvelles saveurs et textures. N'hésitez pas non plus à cuisiner avec votre enfant. Apprendre à toucher, couper et préparer les aliments diminue aussi ses craintes par rapport aux nouveautés.

Doit-il finir son assiette ?

Non ! Ce qu'on veut lui apprendre, c'est à reconnaître les signes de satiété et les respecter – une prévention formidable contre le surpoids. La plupart du temps, nos enfants reconnaissent très bien leurs signes de satiété, faites-leur donc confiance. Bien sûr, parfois ils sont tellement excités à l'idée de finir leur dessin après manger qu'ils disent « J'ai plus faim » après un morceau et demi de carottes. Dans ces cas-là, vous pouvez décoder ce qui se passe : « Je vois que tu aimerais finir ton dessin. Par contre, il faut que tu prennes un peu de force avant. Ton dessin t'attend, ne t'en fais pas. »

Parfois, les plus petits ont de la peine à manger le soir car ils sont fatigués, et 5 minutes avant de se coucher, ils vous disent : « J'ai faim. » Vous pouvez alors proposer le dessert (fruit, compote, galette de riz non sucrée, etc.) 15 minutes avant d'aller au lit plutôt que juste après le repas.

On les appelle à table, ils ne viennent pas !

Je vous invite à (re)lire le chapitre « Mon enfant ne m'écoute pas ! » (p. 137) afin de disposer de quelques outils pour communiquer efficacement et être entendu.

Cependant, si malgré tout votre enfant met énormément de temps à venir à table, commencez par vous demander pourquoi. Y a-t-il des tensions lors des repas ? Est-ce un moment d'interrogatoire pour lui ? Est-ce que le temps d'écran est juste avant le repas et il a de la peine à décrocher ? (Si oui, ne serait-ce pas le moment de revoir cet horaire ?) Mettez-vous dans ses baskets pour essayer de comprendre ce qui se passe et trouver des solutions.

Restez cependant réaliste dans vos demandes et n'attendez pas de votre enfant qu'il vienne dans la seconde. Laissez-lui 4-5 minutes pour terminer son jeu ou interrompre son activité. Anticipez et appelez-le quelques minutes avant que le repas soit prêt s'il a tendance à traîner un peu.

Petites astuces autour de l'alimentation

- Ne donnez pas le goûter trop tardivement dans la journée afin que votre enfant ait encore faim à l'heure du dîner.
- Mangez tôt si votre enfant se fatigue vite le soir, fait beaucoup de « crises » ou ne mange quasiment rien. Un enfant trop fatigué aura de la peine à manger à sa faim et à se réguler sur le plan émotionnel.
- Ne laissez pas traîner biscuits, chocolats, bonbons devant lui. Il est difficile pour les enfants de résister aux tentations.
- Établissez un moment dans la journée ou la semaine où votre enfant a droit à des sucreries (biscuits, gâteaux). « Le sucre, c'est au goûter de 16 heures », par exemple. Ainsi, il sait qu'il est inutile de vous demander un dessert sucré après chaque repas.

Pour aller plus loin…

Je vous conseille le podcast « Mon enfant ne se tient pas bien à table – Que faire ? ».

La question des règles et des limites : que mettre en place ?

Nous confondons très souvent une éducation basée sur l'écoute et la communication avec une éducation laxiste et permissive. C'est une grande erreur. À l'époque de l'éducation bienveillante et positive, comprendre son enfant et ses besoins est au centre des préoccupations de nombreux parents. Et c'est une chose merveilleuse. Cependant, il est primordial pour le bien-être et le bon développement de l'enfant de se rappeler que comprendre ne veut pas dire offrir une éducation permissive. Vous pouvez, par exemple, comprendre que votre enfant ait faim ou qu'il ne veuille pas aller au lit, mais cela ne veut pas dire que vous allez lui donner un kilo de bonbons ou le laisser veiller jusqu'à minuit. Vous privilégiez une relation de communication à une relation de pouvoir mais vous restez l'adulte. L'adulte qui prend la responsabilité de guider et d'aiguiller son enfant en lui offrant des règles claires qui l'aident à grandir dans un cadre rassurant. Dans une éducation centrée sur la communication, on comprend donc que les règles sont importantes dans la vie d'un enfant mais aussi qu'on ne va pas les instaurer n'importe comment et à n'importe quel prix. Apprendre des règles à un enfant en le maltraitant, en l'humiliant ou en le dominant ne fait aucun sens et est dommageable. Nous n'avons pas besoin d'être dans un rapport de force pour apprendre quoi que ce soit à nos enfants. Nous prenons le « lead », certes, car nous sommes l'adulte responsable de nos enfants mais pas parce que nous voulons les dominer. Notre objectif est l'apprentissage et non le contrôle et le pouvoir.

Pourquoi les règles et les limites sont importantes dans la vie d'un enfant ?

Les aider à comprendre le monde qui les entoure et les sécuriser

Pour bien comprendre le monde qui les entoure, nos enfants ont besoin d'en comprendre les règles. Imaginez que vous arriviez seul dans un pays éloigné de tout. Vous ne connaissez ni les coutumes, ni la langue, ni les lois, ni l'écriture, ni la façon de vivre. Être face à l'inconnu peut être source d'angoisse pour de nombreux adultes. Dans une telle situation, il est fort rassurant d'avoir un guide qui nous aide à découvrir comment ce pays fonctionne. Il en va de même pour nos enfants.

Leur apprendre les règles qui régissent la société ou une famille, c'est leur donner une carte géographique de ce nouvel environnement qu'ils découvrent petit à petit. Ces règles ont un effet rassurant sur les enfants car nous ne les laissons pas seuls face à ces nouveautés et ces défis. Poser des règles, c'est lui transmettre un message d'amour sécurisant : « Tu n'es pas seul, je t'accompagne et je te guide dans la découverte de ce nouveau monde. »

Ne pas avoir trop de responsabilités trop jeunes

Mettre des règles, c'est aussi montrer aux enfants que nous portons la responsabilité de les aiguiller et de les guider. Ce n'est pas à eux d'être responsables de leur éducation, de leur sécurité ou de leur santé. L'objectif est bien évidemment qu'ils le deviennent petit à petit, mais c'est un apprentissage qui doit se faire progressivement et à un rythme qui soit supportable pour eux. Avoir trop de responsabilités trop jeunes est souvent une grande source d'anxiété pour les enfants.

Ils ont donc besoin que nous les portions pour eux en attendant qu'ils grandissent et qu'ils deviennent plus autonomes. C'est à travers les règles et le cadre que nous leur offrons qu'ils peuvent s'appuyer sur nous. On est le tronc qui les soutient.

Renforcer leur estime d'eux-mêmes et la relation

Les règles et les limites montrent également à nos enfants qu'ils sont importants à nos yeux. En effet, si nous ne nous préoccupons pas de les guider, cela peut leur donner l'impression que nous ne nous intéressons pas à eux et que nous ne les protégeons pas. Ils peuvent penser que cela nous est égal s'ils se couchent tard et sont fatigués, s'ils passent des heures devant leurs écrans ou s'ils mangent du sucre sans arrêt. Poser des limites, c'est montrer à nos enfants que nous tenons à eux, que nous nous intéressons à qui ils sont, que nous les aimons et que nous sommes là pour prendre soin de leur santé et de leur sécurité.

Parfois, nous nous imaginons que nos enfants rêvent de liberté et d'une vie sans aucune limite. Cela les amuserait sûrement quelques jours mais deviendrait rapidement désécurisant, attristant et stressant. Mais n'oublions pas que le laxisme est tout aussi dommageable que son opposé : le règne des limites. Si l'enfant vit dans un monde de règles sans liberté, flexibilité, ni communication, alors il pensera que seules les règles comptent et qu'il n'y a pas de place pour lui, ses besoins et son individualité.

C'est cet équilibre entre leur besoin de liberté et de découverte et leur besoin de règles rassurantes qui nourrit nos enfants et leur permet de grandir avec la sécurité nécessaire pour les porter dans leur envol.

Les aider à grandir et s'autonomiser

L'objectif des règles n'est pas de contrôler l'enfant mais de l'aider à prendre soin de lui ! Ces règles sont des outils pour préserver sa sécurité, sa santé et sa socialisation. Lui demander de mettre sa ceinture en voiture, l'aider à dormir suffisamment, lui fournir de la nourriture saine ou lui apprendre à dire merci, c'est lui donner un passeport pour se repérer et s'insérer dans ce monde de façon autonome. Or, nous perdons souvent cet objectif de vue ! Nous pensons souvent que mettre des limites, c'est apprendre à l'enfant que ce n'est pas lui qui décide et un point c'est tout ! Nous lui crions dessus pour qu'il soit poli, se couche tôt et fasse ses devoirs et, au final, il est insolent et néglige son sommeil ou sa scolarité.

Pourquoi ? Parce que trop souvent nous pensons en termes de rapport de force et non d'apprentissage. Vous ne mettez pas votre enfant au lit tôt pour lui montrer que vous êtes le boss. Vous le mettez au lit tôt pour qu'il apprenne que dormir lui fait du bien et agit positivement sur sa santé. Nous souhaitons que l'enfant comprenne, au plus profond de lui-même, l'importance et l'objectif de ces règles pour les porter en lui comme un référentiel et une boussole qui le guidera dans sa vie d'adulte. Et pour réellement apprendre, l'enfant doit sentir que notre intention n'est pas de le dominer mais de l'accompagner et de le soutenir vers son autonomisation. Et cet objectif change tout ! Ce n'est pas une guerre. La question n'est pas qui va gagner ou qui va perdre.

> L'objectif des règles et des limites n'est pas de contrôler nos enfants mais de les aider petit à petit à prendre soin d'eux, à grandir et à s'autonomiser.

L'apprentissage de la frustration et l'intégration sociale

Instaurer des règles et des limites, c'est aussi apprendre à nos enfants à traverser une grande émotion que l'on nomme la frustration. En effet, ne pas se coucher à n'importe quelle heure, ne pas acheter tous les jouets du magasin et ne pas manger 5 glaces d'affilée, ça peut être frustrant ! Nous le savons bien, la vie comporte son lot de frustrations et les choses ne se passent pas toujours comme on le souhaiterait. Il est donc indispensable de donner à nos enfants les moyens de gérer cette émotion. Si cet apprentissage ne se fait pas, ils vont au-devant de difficultés d'interaction sociale, d'estime de soi et de régulation émotionnelle. En effet, un enfant qui ne sait pas gérer sa frustration va avoir du mal à interagir avec ses copains-copines, car il ne va pas supporter que les choses ne se passent pas toujours comme il le veut. Les interactions sociales sont faites de compromis, d'échange, de tour de rôle. Une relation saine nécessite la capacité de nous mettre à la place de l'autre et de ne pas penser qu'à nous et à notre plaisir. C'est pourquoi il est essentiel, pour leur intégration sociale, que nos enfants soient confrontés à de la frustration.

Apprendre à nos enfants à se connaître, à écouter leurs besoins et à accepter leurs émotions, ce n'est pas les laisser tout faire, leur laisser ne penser qu'à eux et devenir des enfants rois. Le respect de soi marche main dans la main avec le respect des autres. Nos enfants doivent apprendre, petit à petit, que d'autres personnes existent et qu'ils ne sont pas seuls au monde. Ne penser qu'à soi et apprendre à s'écouter sont deux choses différentes. La première est basée sur la dominance (je suis plus important que toi) et la seconde sur l'amour (nous sommes tous importants).

Rappelons-nous également que c'est en étant confrontés à de la frustration que nos enfants apprennent à traverser cette émotion, à la réguler et à la calmer. Cela peut, certes, être une émotion intense et impressionnante pour de nombreux enfants mais en y étant confrontés, ils découvrent qu'ils ont les capacités de la gérer et leur confiance en eux augmente. Par contre, un enfant qui n'est jamais exposé à cette émotion se sentira envahi par celle-ci et fera tout pour éviter les situations qui génèrent de la frustration. Il cherchera à décider de tout pour garder le contrôle et éviter de se sentir frustré. S'il est malgré tout confronté à cette émotion, sa réaction sera très intense car il n'aura pas l'habitude d'y faire face.

Mais attention, il ne s'agit pas de laisser l'enfant seul avec son émotion. Lui dire non puis lui hurler dessus ou l'ignorer ne va pas lui apprendre grand-chose. L'apprentissage de la gestion de la frustration se fait avec notre aide et notre soutien. Notre présence sécurisante et rassurante apprend à nos enfants à digérer cette émotion et à la réguler. Apprendre à nos enfants à gérer la frustration est un élément primordial tant pour leur santé émotionnelle que pour leur socialisation. C'est un cadeau que nous lui faisons pour la vie.

Quelles règles poser et comment faire concrètement ?

Les 3 S : santé, sécurité, socialisation

Il n'est pas toujours facile de savoir quelles règles établir au sein d'une famille. Pour vous aiguiller, je vous propose de penser à ce que j'appelle les 3 S : santé, sécurité, socialisation.

Rappelons que le but des règles est d'aider nos enfants à apprendre à prendre soin d'eux et à s'autonomiser. Comment pouvons-nous les aider à faire cela dans le domaine de la santé, de la sécurité et de la socialisation ? Par exemple, se coucher très tard, manger sans arrêt, passer des heures devant des écrans ou ne jamais sortir a un impact sur leur santé. Nous allons donc poser certaines règles afin que nos enfants apprennent, petit à petit, à prendre soin de leur santé et à comprendre l'importance du sommeil, d'une bonne alimentation, de ne pas regarder des écrans sans arrêt et de se dépenser sur le plan moteur. Il en va de même pour la sécurité. Si nos enfants courent sur la route, ne mettent pas leur casque lorsqu'ils font des prouesses en trottinette ou qu'ils n'attachent pas leur ceinture de sécurité dans la voiture, alors cela pourrait les mettre en danger. Des règles vont leur permettre d'apprendre comment rester en sécurité. Pour la socialisation, c'est pareil. S'ils tapent, mordent, poussent, se moquent et sont irrespectueux, cela aura un impact sur leur socialisation. Nous allons donc établir des règles pour qu'ils aient toutes les cartes en main pour bien s'intégrer socialement. Les 3 S nous donnent ainsi une trame qui peut nous aider à choisir les règles clés de l'éducation que nous souhaitons offrir à nos enfants.

Des règles en adéquation avec vos valeurs familiales

Lorsqu'il s'agit de définir quelles règles sont importantes, il faut se rappeler que personne ne peut vraiment le faire à votre place. Ce qui est important pour moi ne le sera peut-être pas pour vous. Demandez-vous alors quelles sont les valeurs fondamentales à vos yeux, et quels sont les éléments clés pour la santé, la socialisation et la sécurité de votre enfant. Ensuite, je vous propose d'aborder ces sujets avec votre partenaire afin que vous puissiez construire ensemble un modèle éducatif cohérent et qui vous fait sens à tous les deux.

Des règles qui sont expliquées

Nos enfants aiment comprendre le pourquoi de nos demandes. Ils n'ont pas envie d'appliquer « bêtement » tout ce qu'un adulte leur dit. Alors, n'hésitez pas à leur expliquer les règles. Par exemple : « On ne saute pas sur le canapé parce que cela peut le casser. » « On se donne la main sur le trottoir car il y a des voitures qui passent rapidement et je ne veux pas que tu te fasses mal. » « J'aimerais que tu rentres à 18 heures de chez ta copine pour que tu aies le temps de prendre ta douche avant de manger. »

Quelques règles claires

Il est essentiel d'instaurer quelques règles de base claires qui aident nos enfants à apprendre comment le monde fonctionne : on ne tape pas, on ne se couche pas tard un soir de semaine, on se brosse les dents, etc. Rappelez-vous cependant que trop de règles tuent l'apprentissage ! En effet, pour bien apprendre, il faut que les informations soient claires et en nombre raisonnable. Si le quotidien de nos enfants est rempli de trop de règles, ils vont se rebeller ou se décourager, comme nous le ferions en lisant un mode d'emploi trop complexe. De plus, si nous imposons trop de règles à la fois, nous n'arrivons pas toujours à suivre en tant que parents et nous finissons par tout lâcher.

Les enfants passent alors d'un environnement très réglementé à quelque chose de beaucoup plus chaotique. Cela crée de la confusion et devient contre-productif. Choisir quelques règles de base simples et claires facilitera grandement l'apprentissage ainsi que la collaboration de nos enfants.

Des règles stables

La stabilité des règles est également primordiale. En effet, si un soir sur deux nous crions sur nos enfants pour qu'ils se brossent les dents et que les autres soirs nous les autorisons à ne pas le faire, alors ils ne pourront pas comprendre ce qui est attendu d'eux. Si le Code de la route changeait chaque semaine, on n'y comprendrait plus rien, n'est-ce pas ? Ces règles de base, ce Code de la route familial, doivent être consistantes et stables afin que les enfants puissent les intégrer. Cela leur permet de savoir à quoi s'attendre. Ils savent qu'ils ont 30 minutes de télé à midi, qu'on se brosse les dents chaque jour, qu'on ne se couche pas à 23 heures, etc.

Si les règles sont stables, les enfants ne seront pas pris par surprise. Ils les connaissent et peuvent s'y préparer et gérer plus facilement la frustration engendrée par celles-ci. Par contre, si elles changent tout le temps, ils vont se sentir beaucoup plus frustrés car ils ne peuvent pas prévoir ce qui va se passer. De plus, ils vont demander sans cesse s'ils peuvent avoir la télé, le smartphone, du sucre ou se coucher tard car ils ne savent pas vraiment quelle est la règle.

Tout est question d'équilibre. Si la vie de nos enfants n'est faite que de règles, ils seront frustrés car ils manqueront de liberté et de plaisir. Il s'agit donc de construire petit à petit, par essais et erreurs et en s'adaptant aux différents âges, un équilibre entre règles et liberté qui les aide à grandir dans un environnement à la fois sécurisant et inspirant.

Soyez présent

Si notre esprit est accaparé par notre téléphone, notre travail ou nos préoccupations, nos enfants le ressentiront immédiatement. Pour leur transmettre un message de manière efficace, nous devons être pleinement présents, à la fois mentalement et physiquement.

Alors, mettons nos écrans et nos soucis de côté, ne serait-ce qu'un instant, afin qu'ils perçoivent toute la cohérence entre nos paroles et notre attitude. Un enfant comprend bien plus ce qu'il ressent que ce qu'il entend. S'il nous sent engagés, alignés et convaincus de ce que nous lui apprenons, il sera bien plus réceptif. À l'inverse, si nous sommes distraits ou à moitié investis, il n'accordera pas la même importance à nos mots. L'éducation passe avant tout par la connexion et la présence que nous offrons.

N'attendez pas trop longtemps pour réagir

Lorsque votre enfant adopte un comportement qui nécessite une limite, il est important de réagir sans attendre qu'il le répète plusieurs fois. Trop souvent, j'observe des parents rester silencieux pendant un moment, laissant faire l'enfant, puis soudain exploser. Ce passage du silence à la colère crée de la confusion : l'enfant ne comprend plus ce qui est acceptable et ce qui ne l'est pas.

Pour qu'il intègre clairement les limites, il doit savoir dès le départ quels comportements suscitent une réponse immédiate et constante de votre part. La clarté et la cohérence sont essentielles : ne laissons pas place au flou et posons nos limites dès que cela est nécessaire, sans attendre.

Utilisez la méthode en trois temps pour appliquer une règle

Comme nous l'avons vu dans la première partie de ce livre, vous pouvez appliquer la méthode en trois temps dans de multiples situations du quotidien et notamment lorsque vous souhaitez mettre une limite.

> Pour rappel, voici les trois étapes en question :
>
> Temps 1 : on écoute, on observe et on décode.
>
> Temps 2 : on valide, on nomme et on apprend une règle (si besoin).

> Temps 3 : on propose des alternatives ou des solutions au comportement, on répond aux besoins ou on aide l'enfant à traverser son émotion.

Prenons un exemple : si un enfant dessine sur le mur et que nous lui hurlons juste dessus en disant non, nous ne résolvons pas le problème de fond. L'enfant veut s'occuper en faisant du dessin. Son intention est bonne. La façon de l'exécuter ne l'est par contre pas. Nous pourrions donc dire : « Je comprends que tu veux dessiner mais jamais sur les murs. Ça les abîme. Viens, on va nettoyer, puis chercher une feuille pour que tu puisses dessiner dessus. »

Regardons un autre exemple : votre adolescent n'a pas respecté une règle établie par rapport à son lieu de sortie ou son temps de sortie. Rien ne sert de débuter un rapport de force. Cela va juste créer de la déconnexion entre lui et vous. La question à se poser est plutôt : « Pourquoi a-t-il agi ainsi ? Qu'est-ce qu'il essaie de faire ou de vous dire à travers ce comportement ? A-t-il besoin de plus de libertés ou n'arrive-t-il pas à dire non à ses amis ? » C'est en nous posant ces questions que nous pourrons résoudre le problème en profondeur et non uniquement en surface. Les raisons qui poussent un enfant à ne pas faire quelque chose sont nombreuses. En comprenant son message, vous pourrez l'aider à trouver des moyens pour dire non à ses amis, garder l'heure en tête ou encore lui offrir plus de libertés sur certains aspects si cela semble adéquat par rapport à son âge et sa personnalité. Pour bien placer une limite, il faut d'abord comprendre ce qui pousse l'enfant ou l'adolescent à désobéir ou ne pas écouter. Il faut aussi être prêt à se remettre en question et se demander si cette règle est pertinente ou si elle nécessite un ajustement.

Nous savons tous que les règles et les limites sont essentielles. Mais ce qui fait toute la différence, c'est la manière dont nous les posons. Soit nous pouvons le faire en validant l'émotion ou le besoin derrière le comportement. Cela permettra à l'enfant d'intégrer une règle et une limite tout en restant connecté à ce qu'il ressent et à ses besoins en apprenant à exprimer cela de façon constructive. Soit nous nous intéressons uniquement au comportement et à la façade et instaurons coûte que coûte une limite sans prendre en considération le vécu de l'enfant. Si nous nous contentons d'instaurer un rapport de force, sans chercher à comprendre ce que vit l'enfant, deux risques apparaissent. Le premier est qu'il se coupe progressivement de ses émotions pour répondre à l'attente de l'adulte. Le second est qu'il répète son comportement, cherchant désespérément à nous faire passer un message que nous n'avons pas encore entendu.

C'est une réalité universelle, que l'on observe aussi bien chez les adultes que chez les enfants : chaque être humain a un profond besoin de se sentir vu et compris. Lorsqu'un enfant est confronté à une autorité rigide qui cherche simplement à imposer sa volonté, il n'a d'autre choix que de se soumettre ou de s'opposer. En cherchant à comprendre nos enfants, nous leur offrons bien plus qu'une simple règle : nous leur permettons de se sentir reconnus, entendus, de se respecter eux-mêmes et de trouver des façons plus adaptées d'exprimer leurs émotions, tout en apprenant à respecter les autres et leur environnement.

La fatigue parentale

Il est clairement plus « facile » de dire oui que de dire non à des bonbons ou à l'écran. Lorsque nous refusons quelque chose à nos enfants, ils risquent de ne pas être contents, d'insister, de pleurer ou de faire une crise. Tout cela nous demande beaucoup plus d'énergie que de leur dire oui. Or, à l'heure du burn-out et de l'épuisement parental, avons-nous encore les ressources pour pouvoir comprendre nos enfants, les accompagner de façon bienveillante et poser certaines limites de façon claire, stable et calme ? De nombreux parents témoignent qu'ils ont très bien compris les principes d'une éducation basée sur la communication et la bienveillance mais qu'ils ne parviennent pas à les appliquer par manque d'énergie et par excès de fatigue et de stress.

Je sais à quel point il est complexe d'allier vie professionnelle et vie personnelle ou tout simplement d'allier fatigue et parentalité. C'est pourquoi il est si important de prendre soin de soi et de se ressourcer, comme nous l'avons vu au début de ce livre ! Nos enfants ont besoin de nous sentir présents et disponibles.

> La parentalité, c'est apprendre à mieux comprendre nos enfants et leurs apprentissages. Mais c'est également remplir nos propres batteries d'énergie, nous respecter et nous aimer suffisamment pour prendre soin de nous-mêmes et pouvoir ainsi gérer notre stress et notre fatigue. Être parent, c'est un parcours, un chemin de découverte de l'enfant mais aussi de soi !

Mon enfant ne veut pas !

Comment gérer l'opposition et la frustration ? Il ne veut pas aller au lit, ne veut pas prendre son bain ou ne veut pas partir du parc… Que faire dans ces moments-là ?

L'entrée en matière

Comme souvent dans une situation difficile, la première question à se poser est : comment sommes-nous entrés en matière ? Est-ce que notre façon de parler à notre enfant a généré de l'écoute et de la collaboration ou, au contraire, de l'opposition et une attitude défensive ? Si je vous dis : « Allez, maintenant ça suffit, Anaïs, on arrête de jouer, c'est l'heure du bain. Dépêche-toi, bon sang, ça va encore prendre des heures ! », vous n'allez pas réagir de la même façon que si je vous dis : « Allez, viens, ma chérie, c'est l'heure de prendre ton bain. » Notre ton de voix a clairement un impact sur la réaction de nos enfants. Il ne s'agit pas d'être mielleux et inauthentique, mais simplement de leur parler comme nous aimerions qu'on nous parle.

Laissez-le évacuer la frustration

Quand nous demandons quelque chose à nos enfants, il est normal qu'ils se plaignent et qu'ils râlent un peu. Laissons-les évacuer leur frustration comme nous le faisons parfois quand c'est le moment de cuisiner, de faire le ménage ou de payer les factures. Ne montons pas en symétrie et ne nous mettons pas à leur expliquer longuement pourquoi c'est important qu'ils fassent cette tâche-là maintenant. Quand vous n'avez pas envie de cuisiner, vous n'avez pas besoin que quelqu'un vous rappelle pourquoi vous devez le faire et que ce serait inadmissible si vous ne le faisiez pas. Une telle réaction va juste vous énerver et vous aurez simplement envie de tout abandonner. En revanche, si vous pouvez évacuer votre frustration, râler et souffler un peu, alors vous pourrez vous y mettre plus facilement. Il en va de même pour votre enfant.

Validez l'émotion ou le besoin de l'enfant

Plusieurs études ont montré à quel point l'empathie nous aide à nous réguler émotionnellement. Si la personne en face de nous comprend ce que l'on vit sans chercher à nous sermonner ou à nous donner d'emblée des solutions, cela nous aide à nous calmer. Je vous propose d'essayer avec votre enfant.

Utilisez des mots clés tels que « je sais », « je comprends » afin de l'aider à traverser sa frustration. Utilisez également le contact physique si cela soulage votre enfant. Mettez-lui la main sur l'épaule, donnez-lui un bisou ou faites-lui un câlin pour le soutenir dans sa régulation émotionnelle. Les câlins peuvent désamorcer énormément de situations difficiles. Tout comme un sourire ou de l'humour.

Avec les plus petits, vous pouvez décrire ce qui se passe, par exemple : « Je vois que tu aimerais vraiment continuer ton dessin. Je comprends, mon cœur. » On laisse le soufflé redescendre quelques secondes et on ajoute : « Tu pourras le terminer après le bain si tu veux. » Ensuite, on accompagne l'enfant vers la salle de bains. Attention cependant à ne pas confondre compréhension et empathie avec permissivité et laxisme. Si l'enfant vous tape ou fait une crise, vous pourrez trouver plus d'informations sur la gestion de ces situations dans les chapitres « Mon enfant tape, griffe ou mord ! » et « Les crises, que faire ? » p. 211 et p. 199.

Aidez-le à transitionner

Lorsque c'est l'heure de partir du parc ou de prendre le bain, nos enfants ont parfois besoin de notre présence et de nous pour les aider à arrêter ce qu'ils étaient en train de faire et passer à autre chose. Donnez la main à votre enfant, faites-lui un câlin, ou portez-le. Parlez-lui de ce qu'il était en train de faire ou encore faites-le rire, tout en l'accompagnant vers la prochaine étape : le bain, les devoirs, etc. Ce n'est pas parce que nous sommes empathiques que nous attendons trois heures que nos enfants se décident à partir du parc. Nous sommes le parent et il est important de prendre le lead pour les aider à transitionner. Nous les prenons dans les bras, nous leur faisons un bisou et hop on y va. Nos enfants ont autant besoin de ressentir notre empathie que de voir que l'on sait ce qu'on fait et où on va.

Apprenez à décoder

Lorsque nos enfants refusent de faire quelque chose, plusieurs raisons peuvent expliquer cette réaction. Parfois, c'est juste de la frustration. Mais cela peut également être dû à de la fatigue, de la faim ou autre chose encore. Il est important de comprendre ce que nos enfants essaient de nous communiquer à travers leurs comportements afin que notre réponse soit pertinente et efficace.

Les raisons les plus fréquentes d'opposition

La frustration

Aidez alors l'enfant à traverser cette émotion comme nous l'avons vu ci-dessus.

Un besoin de base qui n'est pas satisfait

Parfois, votre enfant refuse de faire quelque chose parce qu'il a faim ou est fatigué et qu'il n'a pas les ressources pour gérer ce qui est en train de se passer. Nul besoin de s'agiter, de s'énerver ou d'essayer d'apprendre quoi que ce soit à un enfant fatigué ou affamé. Répondez à son besoin le plus rapidement possible afin de recharger ses batteries et l'aider à se réguler émotionnellement.

Le besoin d'autonomisation

Il arrive également que nos enfants s'opposent afin de nous montrer qu'ils veulent s'autonomiser petit à petit. Par exemple, lorsque nos enfants ne veulent pas mettre leur veste, c'est parfois un moyen pour eux de nous montrer qu'ils veulent faire des choix. Apprendre à nos enfants à décider par eux-mêmes, n'est-ce pas d'ailleurs un des buts de l'éducation ?

Cependant, nous avons tellement l'habitude de tout contrôler quand ils sont petits qu'il est parfois difficile de les voir arriver avec leurs propres envies et leurs propres idées. Nous trouvons aussi plus facile et rapide de dire à notre enfant quoi faire et quoi mettre plutôt que de l'écouter.

Au lieu de voir ce moment comme un rapport de force et une provocation, apprenons à le voir comme une excellente opportunité pour l'aider à prendre des décisions et devenir plus autonome. Quand ils nous disent « Je ne veux pas mettre ma veste ! », plutôt que de nous énerver, demandons-leur d'aller dehors voir s'il fait chaud ou froid. « As-tu besoin d'une veste ou pas ? » S'ils choisissent de ne pas mettre la veste alors qu'il fait 0 °C, nous pouvons simplement prendre la veste sous notre bras et au bout de 2 minutes en extérieur, ils se rendront compte qu'ils en ont besoin.

Si vous ne disposez pas du temps nécessaire pour laisser votre enfant faire seul, validez l'envie de votre enfant : « Je comprends que tu veuilles mettre tes chaussures tout seul et que tu aies envie de faire de plus en plus de choses par toi-même. C'est formidable. Par contre, là on doit y aller [pendant que vous dites cela, vous lui enfilez la chaussure] et tu pourras les mettre tout seul quand je viendrai te chercher à la crèche. » Vous pouvez aussi lui proposer de porter les clés de la maison en sortant afin de combler son besoin d'autonomisation d'une autre façon. Il fera peut-être une crise certaines fois mais s'il sent qu'il a suffisamment de moments lors desquels il est encouragé à grandir et à s'autonomiser, alors il gérera ces moments de frustration beaucoup plus facilement.

L'important est de sortir de l'idée qu'il s'agit d'une guerre et qu'il faut gagner cette bataille contre votre enfant. Vous êtes l'un avec l'autre et pas l'un contre l'autre. Adopter cette attitude change énormément de choses dans la réaction et la collaboration de votre enfant.

Trop de stress

Nous l'avons vu à maintes reprises, lorsque nos enfants ressentent trop de stress, leur cerveau reptilien est activé et ils se mettent en mode combat/fuite/inhibition. Ils vont alors souvent être plus agités, ralentis ou opposants. Le manque de collaboration de nos enfants peut donc être un signe qu'ils vivent trop de stress familial, académique ou social.

Trop de contrôle de votre part

L'enfant peut aussi s'opposer car il étouffe au sein d'une relation où nous voulons tout contrôler. Il va alors dire non juste pour réussir à se faire entendre. Faites un pas de recul et demandez-vous alors s'il peut prendre certaines décisions et développer sa propre individualité au sein de votre dynamique familiale. Si tel n'est pas le cas, ajustez votre comportement afin qu'il n'ait plus besoin de s'opposer continuellement afin de prendre une place.

Il ne se sent pas respecté

Il arrive qu'un enfant s'oppose et ne veuille pas collaborer car il ne se sent pas respecté. On lui parle peut-être mal, on l'écoute peu ou on ne s'intéresse pas tellement à ce qu'il fait. Or, on ne peut pas attendre d'un enfant qu'il nous respecte et nous écoute si on ne lui offre pas nous-mêmes cette écoute et ce respect.

Les outils favorisant la collaboration

Anticiper et prévenir

Il est toujours plus facile d'arrêter une activité si on a pu s'y préparer et qu'on n'est pas pris par surprise. Plus nos enfants peuvent anticiper le changement, plus ils vont gérer ce moment efficacement. Plutôt que de leur dire : « Allez, on part du parc maintenant ! », essayez de leur dire : « Encore deux descentes de toboggan et on y va. » L'enfant a ainsi un sentiment de contrôle, alors que les événements qui surviennent de façon incontrôlée le stressent. Leur donner des indicateurs clairs et précis (« Tu fais encore deux tirs dans le panier de basket et on y va », plutôt que « On part dans 5 minutes » – les minutes sont une notion trop abstraite pour l'enfant) les aide à se préparer et à gérer leur frustration.

Faites-les participer

Nos enfants passent une grande partie de la journée à obéir à ce qu'on leur demande à la maison, à la crèche, à l'école ou dans leurs activités. Cette accumulation d'ordres et de consignes peut parfois être lourde à porter et à écouter. Nos enfants ont aussi besoin de participer aux décisions qui concernent leur vie et la vie de famille. Il y a différentes façons d'y parvenir.

Les choix

Proposez des options à votre enfant : « Tu veux prendre un bain ou une douche ? », « Tu veux faire tes devoirs maintenant ou après ton moment d'écran ? », « Tu veux manger des pâtes ou du riz avec le poisson ? »

Faites attention à ne pas proposer trop de choix aux tout-petits qui peuvent se sentir dépassés par la situation : un choix entre deux choses et pas entre cinq !

Les questions

Posez-lui des questions afin de lui montrer que son avis compte et qu'il a sa place dans la famille. « Tu aimerais faire quoi aujourd'hui ? » « Qu'est-ce que tu souhaiterais manger demain soir ? »

Le fait de sentir que nous les écoutons et que nous tenons à ce que les enfants développent leur individualité va créer un climat beaucoup plus harmonieux et collaboratif au sein de la famille. Au contraire, s'ils nous sentent contrôlants, dirigeants et dominants, ils se montreront beaucoup plus opposants.

Notre présence

Quand nos enfants doivent prendre le bain, ranger ou s'habiller, il faut nous rappeler que notre présence bienveillante et empathique est l'un des outils les plus efficaces pour les aider à collaborer et gérer leur frustration. En restant à leur côté, nous leur apportons le calme sur lequel ils peuvent s'appuyer pour réguler leurs émotions. Mais notre présence va également les aider à passer d'une activité (le jeu, par exemple) à une autre. Pour les aider à transitionner, nous pouvons leur parler de ce qu'ils étaient en train de faire : « Alors, raconte-moi, qu'est-ce que tu étais en train de construire avec tes Lego ? » (tout en marchant vers la salle de bains). Présence, bienveillance et empathie sont un cocktail qui favorise la collaboration et aide nos enfants à réguler leurs émotions.

Les routines et les règles

Afin de bien comprendre l'environnement qui les entoure, nos enfants ont besoin de clarté. Si nos règles et nos routines changent tous les deux jours, ils ne vont plus rien y comprendre. Par contre, s'ils savent que chaque soir on se brosse les dents, qu'à midi on a 30 minutes d'écran, qu'on prend le bain le lundi, le mercredi, le vendredi et le dimanche, cela peut les aider à intégrer plus facilement leurs activités du quotidien et à moins s'y opposer. Bien sûr, il ne s'agit pas de devenir psychorigide et d'avoir un rythme militaire, mais simplement d'avoir des repères clairs et aidants.

Pour aller plus loin...

J'aimerais finir ce chapitre avec un podcast qui me tient particulièrement à cœur et qui répond à cette question : qu'apprenons-nous à nos enfants lorsque nous réagissons à leur frustration et pourquoi cette émotion est essentielle à leur bon développement ? Apprendre à gérer et traverser la frustration est un des apprentissages les plus importants d'une vie. Dans ce podcast, nous verrons pourquoi…

Les crises, que faire ?

La crise est un trop-plein. Un trop-plein de fatigue, de stimulations, de faim, de frustrations ou de stress que le cerveau de l'enfant n'arrive plus à gérer. Il y a trop et c'est le court-circuit cérébral. La crise n'est donc pas un caprice. L'enfant ne choisit pas de se comporter ainsi pour obtenir quelque chose ou pour vous manipuler. Il se sent débordé et le communique avec ses moyens. À nous d'essayer de comprendre ce que nos enfants sont en train de vivre et ce que la crise nous indique au sujet de leurs besoins.

Pourquoi les enfants font-ils des crises ?

Le cerveau des enfants est encore en plein développement. Ils ne vont donc pas pouvoir se réguler émotionnellement ou communiquer comme un adulte. Imaginez que vous avez très peu dormi, vous avez extrêmement faim et vous êtes dans une salle de réunion avec beaucoup de bruit autour de vous. Dans un moment pareil, vous vous sentez peut-être au bord de la crise de nerfs. Pourtant, vous ne pleurez pas, vous ne hurlez pas et vous ne vous roulez pas par terre comme un enfant. Pourquoi ? Parce que votre cerveau n'est pas le même que le sien et qu'il vous permet de beaucoup mieux vous réguler émotionnellement et gérer ce qui se passe à l'intérieur de votre corps. L'enfant ayant, quant à lui, un cerveau encore très immature, cette régulation est particulièrement difficile. De plus, il a du mal à comprendre ce qui se passe et à l'exprimer. L'enfant laisse cette sensation grandir et s'accumuler en lui jusqu'au court-circuit.

Tant d'adultes n'arrivent pas à identifier ces sensations et s'énervent car ils sont fatigués, stressés ou affamés. Ce n'est qu'une fois repus ou reposés qu'ils comprennent pourquoi ils étaient dans cet état. Si cette tâche est difficile pour un adulte, imaginez ce qu'il en est pour un enfant ! Notre rôle de parent est d'éviter que nos enfants en arrivent à ce point de saturation en leur offrant suffisamment de sommeil, pas trop de stress et en respectant, de façon générale, leurs besoins. Il s'agit pour nous d'apprendre peu à peu comment ils fonctionnent et de reconnaître les signaux de fatigue ou de surstimulation avant qu'ils en arrivent à la crise.

Quels sont les déclencheurs d'une crise ?

Une fois que nous avons compris que l'enfant ne fait pas un caprice ou n'essaie pas de nous manipuler, il s'agit de décoder ce qui se cache derrière la crise. Qu'est-ce qui l'a déclenchée ? On pense fréquemment que la frustration en est la cause, mais, souvent, ce n'est que la goutte d'eau qui fait déborder le vase. La grande majorité des crises se produit parce qu'un besoin de survie n'est pas satisfait.

Afin de mieux comprendre nos enfants, voyons quels sont les déclencheurs de crise les plus fréquents.

La fatigue

La fatigue est une des causes les plus fréquentes des crises. En effet, un enfant fatigué aura moins d'énergie et de ressources pour gérer ses émotions et se réguler. Si votre enfant s'est couché tard, a mal dormi ou a un emploi du temps très chargé, il est très probable qu'il fasse plus de crises. La crise est un signal qu'il est fatigué.

> C'est peut-être le moment de le coucher pour une sieste, ou de lui offrir un petit moment de calme en lisant un livre, ou encore de le mettre au lit plus tôt le soir pour qu'il récupère.

La faim

Votre enfant sort de la crèche ou de l'école et c'est la crise ! Aurait-il faim ? Très souvent, les enfants font des crises lorsqu'ils ont le ventre vide. Ils ont alors beaucoup plus de mal à gérer leurs émotions. De plus, il est difficile pour eux d'identifier cette sensation comme étant de la faim et de l'exprimer avec des mots. Celle-ci augmente jusqu'au point de saturation et la crise nous indique qu'ils sont affamés.

> Quand l'heure du déjeuner, du goûter ou du dîner approche et que votre enfant devient irritable puis fait une crise, demandez-vous donc s'il n'aurait pas faim. Donnez-lui un en-cas (légumes, galettes de riz, fruits) ou passez vite à table. Si votre enfant réagit fortement lorsque son ventre est vide, anticipez en ayant des snacks sains avec vous et ne mangez pas trop tard le soir.

Attention : il ne s'agit pas de donner à manger à l'enfant chaque fois qu'il fait une crise. L'objectif est plutôt de comprendre ce qu'il essaie de nous communiquer et de répondre au besoin en fonction du déclencheur.

La surstimulation

Il n'est pas rare que les enfants fassent une crise pendant ou après un spectacle, un dîner, une sortie au supermarché, une longue journée d'école ou de crèche ou après avoir regardé trop d'écrans ou de jeux vidéo (les jeux vidéo sont à éviter chez les enfants de moins de 8 ans !). Cela est dû à une sursimulation. Leur cerveau sature.

> Offrez à votre enfant un bon petit moment de calme. Pas trop de lumières, pas trop de bruits et des câlins ressourçants. Évitez de l'exposer à un environnement trop stimulant à une fréquence trop élevée pour lui.

Attention aux écrans, qui créent rapidement une surstimulation chez l'enfant. Beaucoup de parents voient les crises de leur enfant diminuer drastiquement lorsqu'ils réduisent le temps d'écran (voir le chapitre consacré aux écrans, p. 248).

L'autonomisation

À partir de 18 mois, nos enfants commencent à vouloir se débrouiller tout seuls de plus en plus souvent. « C'est moi qui mets mes chaussures ! Non, pas mes sandales, je veux mes bottes de pluie ! » C'est un signe qu'ils grandissent bien. Cependant, nous ne pouvons pas toujours satisfaire ce besoin d'autonomisation. Nous n'avons pas le temps, ou ils sont simplement trop jeunes pour faire certaines activités ou réaliser certains gestes. Nous devons donc parfois leur dire non et certaines crises peuvent découler de ces refus.

Lorsque ce n'est pas le moment pour votre enfant de faire quelque chose seul, validez simplement son besoin d'autonomisation puis aidez-le à traverser cette frustration. Si l'enfant voit que vous comprenez son besoin, il gérera plus facilement sa frustration que si vous débutez un rapport de force : « Arrête tes caprices et mets tout de suite tes chaussures ! »

Dans la mesure du possible, essayez de donner des opportunités d'autonomisation à votre enfant s'il en exprime l'envie. En effet, il sera beaucoup plus facile pour lui de gérer la frustration s'il a l'impression qu'on le laisse faire seul par moments.

Une batterie affective à plat

Nos enfants peuvent également faire des crises si leurs batteries affectives sont à plat. S'ils ne nous ont pas beaucoup vus, car nous sommes rentrés tard, ou parce qu'ils sont allés dormir chez une copine ou qu'ils ont passé la journée chez leurs oncle et tante, ils sont parfois en manque d'affection vis-à-vis de nous. Il peut arriver qu'ils expriment ce besoin à travers une crise. Essayons alors de satisfaire leur besoin à travers des câlins et des moments de partage.

Les crises de décharge

Nos enfants vivent différents événements dans leur journée qui peuvent créer de la tension en eux. Ils se sont, par exemple, disputés avec une amie, ou bien la maîtresse les a grondés. Très souvent, ils vont décharger cette tension en notre présence.

Pourquoi ? Nous sommes leur figure d'attachement et c'est auprès de nous qu'ils se sentent en confiance. Ils savent que nous sommes là pour eux et que quoi qu'ils fassent nous les aimons et les soutenons. C'est dans ce contexte qu'ils se sentent le plus en sécurité pour décharger leur trop-plein de tension.

Combien de fois la nounou, la grand-mère ou la voisine vous ont dit que votre enfant était sage comme une image et au moment où vous rentrez, tout change ! C'est justement parce qu'il se sent en sécurité pour vider son petit sac avec vous. Il en va de même pour nous adultes, d'ailleurs. Parfois, nous accumulons les tensions durant la journée en faisant bonne figure devant nos collègues et ce n'est qu'une fois arrivés à la maison que nous relâchons notre stress.

L'objectif est d'accueillir ce trop-plein et d'aider nos enfants à décharger leurs tensions tout en leur apprenant comment le faire de façon constructive et sans détruire la maison entière.

> Nous pouvons leur apprendre à décompresser à travers la parole, l'empathie, l'exercice physique, le rire, le jeu, des câlins, des pleurs, des massages, des chants ou des danses.

La frustration

Les crises de nos enfants peuvent bien sûr être déclenchées par de la frustration. Il faut toutefois s'assurer que la frustration n'est pas juste la goutte d'eau qui fait déborder le vase. En effet, bien souvent, la difficulté à gérer la frustration masque de la fatigue ou de la faim et il est important de ne pas passer à côté de ce besoin. Cela dit, la frustration est une émotion intense qui n'est pas facile à traverser pour bon nombre d'enfants. Cette capacité de gestion émotionnelle va s'améliorer avec le temps, le développement cérébral, celui du langage, mais également grâce à notre soutien empathique. Il faut se rappeler qu'être empathique ne veut pas dire être laxiste. Nous ne pouvons pas apprendre à nos enfants à gérer de la frustration si nous ne disons jamais non. Par contre, la façon de le dire et l'accompagnement que nous leur offrons changeront beaucoup de choses dans leur apprentissage.

Que faire en cas de crise ?

Soyez présent et sans jugement

Commençons par être là si nos enfants ont besoin de nous. Vous n'auriez pas idée, si votre enfant tombait du toboggan et se faisait mal, de lui dire : « Ça suffit, tes caprices, j'en ai assez que tu réagisses comme cela ! » Au contraire, vous allez vers lui, voir ce qui se passe, soigner la plaie, puis l'aider à se tranquilliser. Pour les crises, c'est la même chose ! Commencez donc par lui montrer que vous êtes là pour l'aider et l'accompagner. Cette attitude, contrairement aux rapports de force ou aux montées en symétrie, va déjà être d'un grand soutien pour l'enfant.

Identifiez ce qui se passe

Ensuite, essayez d'identifier pourquoi votre enfant fait une crise. Cherchez à décoder le besoin ou l'émotion qui se cache derrière la crise. Mieux vous parviendrez à comprendre, plus vous pourrez répondre efficacement au besoin de votre enfant.

Décrivez et validez

Décrivez ce que votre enfant vit et validez son ressenti. « Je vois que tu es fatigué, viens, on va aller se reposer. » En nommant ce que l'enfant vit, nous faisons deux choses. Premièrement, nous l'aidons à identifier ce qui se passe en lui. Nous l'aidons à comprendre que cette sensation s'appelle de la fatigue et cela va lui permettre d'apprendre lui-même à la nommer petit à petit. Plus l'enfant pourra exprimer ce qu'il ressent, moins il fera de crises. Cet apprentissage est donc très important. Deuxièmement, nous lui permettons de se calmer. « Je vois que tu n'as pas envie de partir de chez ta copine, je comprends ma chérie. » L'empathie est un des moyens les plus efficaces pour aider l'enfant à réguler ses émotions, baisser son niveau de tension interne et lui donner des ressources pour se détendre.

> Plus l'enfant se sent entendu, plus il se sent détendu !

C'est en s'appuyant sur votre calme et votre bienveillance que votre enfant parviendra à s'apaiser. Mais si vous vous énervez et criez chaque fois que votre enfant est frustré, il apprendra tout simplement à faire la même chose.

Répondez aux besoins

Si, à travers sa crise, votre enfant essaie de vous communiquer un besoin insatisfait, alors centrez-vous sur la satisfaction de ce besoin.

Ne parlez pas trop

La crise est comme une vague qui monte et qui redescend. Quand l'enfant est au pic de cette vague, le cerveau émotionnel ou reptilien prend le dessus. Inutile alors d'essayer de raisonner avec lui. Pourtant, c'est l'erreur qu'on commet bien souvent : « Mais tu sais, on est restés longtemps au parc. Tu as pu jouer avec chacun de tes amis. On a fait plein de fois de la balançoire. J'essaie de tout faire pour que tu sois content et tu fais toujours des crises », etc. Ou bien : « Tu dois absolument faire tes devoirs, sinon tu vas avoir de mauvaises notes. L'école, c'est important. Tu ne te rends pas compte. Moi j'en ai assez que ce soit chaque fois des crises. Vraiment il faut que cela cesse ! »

Là, on parle, on parle, on parle et on ajoute simplement de l'huile sur le feu. Essayez de juste décrire ce que votre enfant vit mais de façon brève. « Je vois que tu aimerais ce bonbon, je comprends. »

« Je vois que tu aimerais rester encore au parc, je comprends. » Faites ensuite une petite pause pour que votre enfant sente votre empathie, puis dites-lui : « On pourra revenir demain » ou « On pourra goûter ce bonbon une prochaine fois. »

Adoptez une attitude corporelle rassurante

Souvent, on se demande ce qu'on devrait dire dans ces moments-là. Mais nos enfants ont le cerveau saturé, inutile donc de trop parler. Par contre, ils sont sensibles à notre langage corporel. Concentrez-vous sur votre attitude pour communiquer à votre enfant du calme et du soutien à travers votre attitude.

Lorsque nos enfants font des crises, nous sommes souvent contaminés par leur niveau d'intensité émotionnelle. Nous ne savons plus quoi faire et nous nous sentons impuissants, ce qui amène du stress, de l'agitation et/ou de l'irritabilité. « Ça m'énerve, j'aimerais que ça s'arrête mais je ne sais pas comment faire. » Du coup, nous déversons cette colère ou ce sentiment de panique sur nos enfants. Bien évidemment, cela va empirer la situation.

Imaginez que vous venez de vivre un accident. Vous êtes complètement chamboulé. À ce moment-là, un ambulancier arrive, s'énerve, panique et parle beaucoup, de façon intense. Cela va-t-il vous aider ? Probablement pas. Au contraire, si l'ambulancier reste calme, posé, parle peu mais de façon efficace et claire, il vous transmet un sentiment de sécurité. Il prend les choses en main et vous aide à traverser ce moment difficile.

Pour les crises, nous voulons intervenir de la même façon auprès de nos enfants. Essayons de nous rappeler que les crises font partie de leur développement et que c'est un apprentissage. Cherchons à adopter une attitude corporelle qui transmette de la sécurité et de la réassurance à nos enfants et non du stress, de la colère ou de l'impuissance. Soyons le roc sur lequel nos enfants peuvent s'appuyer pour se calmer.

> L'antidote à la crise, c'est son opposé ! Nos enfants sont dans un trop-plein, un moment d'agitation interne, il faut leur transmettre du calme et de la sécurité afin de les aider à se réguler.

Les accompagner face à leur émotion, c'est leur montrer que nous sommes là pour les comprendre et les soutenir. Cela ne veut bien sûr pas dire que nous allons rester encore trois heures au parc ou leur acheter un kilo de bonbons !

Aidez-le à transitionner

Pour les plus petits, la transition entre le pic et la redescente de la crise est parfois difficile. Ils se répètent et restent fixés sur leur idée : « Je veux ma glace ! Je veux rester au parc ! Je veux la télé ! » Cela est dû à l'immaturité de leur cortex préfrontal.

Vous avez commencé par valider l'émotion de votre enfant : « Je comprends que c'est difficile… » Ensuite, aidez-le à passer à autre chose à travers un jeu, un peu d'humour, une chanson, des devinettes, des chatouilles, un câlin, en leur montrant quelque chose dans leur chambre ou dans le parc, etc.

Comment transformer ce moment en apprentissage ?

Lorsque vous voyez que votre enfant commence à se calmer et à respirer plus tranquillement, alors c'est que la vague de la crise est en train de redescendre. Son cortex préfrontal va pouvoir fonctionner de nouveau de façon optimale et sa capacité de raisonnement être meilleure. S'il vous a tapé ou vous a mal parlé pendant la crise, c'est maintenant que vous pouvez l'aider à apprendre à faire autrement. Comment ? Il est important que vous différenciiez l'émotion du comportement. Restez très bref si vous voulez maintenir l'attention de votre enfant. Une ou deux phrases claires suffisent. « Je comprends que tu es fâché que je n'achète pas ce jouet mais on ne tape pas. Tu peux me dire "Je suis fâché" mais on ne tape pas. OK ? »

> L'apprentissage consiste à valider l'émotion et à offrir des alternatives au comportement.

La prévention

Beaucoup de crises pourraient être évitées en veillant à ce que les besoins de base de nos enfants soient satisfaits. Remplissez donc les réservoirs de votre enfant afin de lui donner plus de ressources pour se réguler sur le plan émotionnel. Aidez-le également à décharger son trop-plein de tension quotidien ou hebdomadaire par l'échange, les câlins, les rires, la dépense physique, l'écoute et votre présence.

Les écrans peuvent réellement augmenter le niveau de stress et de tension chez nos enfants. Il est donc primordial de les protéger en ne les exposant pas à une quantité d'écran trop importante ni à du contenu inadapté. Pour plus d'informations, voir le chapitre « Les écrans, je ne sais plus quoi faire ! », p. 248.

Les crises intenses et répétitives

Il est naturel, vu leur immaturité cérébrale et le fait qu'ils sont en plein développement, que les enfants fassent parfois des crises. Mais celles-ci, comme tout symptôme ou comportement, sont un signal. Il s'agit de comprendre le message.

Si nos enfants font des crises très fréquemment et intensément, c'est sans doute que nous ne parvenons pas à détecter ce que nos enfants tentent de nous dire avec leurs moyens. Peut-être le rythme de leurs journées est trop fatigant ou stressant. Peut-être qu'ils ne nous voient pas assez. Peut-être qu'ils réagissent à des tensions familiales. Peut-être que nous leur disons très rarement non et qu'ils peinent à gérer la frustration. Les possibilités sont diverses mais gardez en tête que cela ne sert à rien de crier ou punir l'enfant. En agissant de la sorte, on ne comprend pas l'origine de la crise et on essaie juste de l'éteindre par de la peur ou de la domination qui ne vont que masquer le problème de fond. Cela va clairement être contre-productif. Sortez du rapport de force pour essayer de décoder les messages de votre enfant. S'il vous est difficile de prendre du recul et de comprendre ce qui pourrait générer ces crises, n'hésitez pas à demander du soutien auprès d'un psychothérapeute spécialisé dans la parentalité.

Mon enfant tape, griffe ou mord !

C'est une situation fréquente devant laquelle les parents que je rencontre se sentent souvent démunis ou ne savent pas toujours comment réagir. Voyons comment appliquer concrètement ce que nous avons vu sur le processus d'apprentissage, la communication et les besoins des enfants pour traverser ces moments difficiles.

Commencez par aller vers votre enfant

Mettez-vous à sa hauteur et dites-lui stop ou non : « Non, on ne tape pas, on ne mord pas. » Formulez-le sur un ton clair et ferme tout en restant calme et en ne criant pas.

> Quand on crie, nos enfants entendent notre voix, mais pas nos mots.

Votre attitude corporelle est tout aussi importante afin que le message passe. Votre expression faciale doit être en adéquation avec votre discours.

Décodez ce que votre enfant essaie de vous dire avec ce comportement

Derrière tout comportement, il y a une émotion ou une motivation. Essayez donc de comprendre ce qui se passe pour mieux accompagner votre enfant dans son apprentissage. Est-ce qu'il essaie de dire non à un enfant qui l'embête ? Est-ce une façon d'entrer en contact avec les autres enfants ? Est-ce qu'il mord lorsqu'il veut faire des bisous ou montrer de l'affection ? Est-ce qu'il mord lorsqu'il a faim ? Est-il fatigué ? Est-il surstimulé par ce qui se passe autour de lui ? A-t-il envie de faire quelque chose seul ? Détectez ce qui se passe et verbalisez-le à votre enfant : « Tu ne voulais pas qu'Élise prenne ton jouet, c'est ça ? » « Tu es fâché que papa ait dit non pour le gâteau ? » « Tu aimerais que Zoé joue avec toi ? » « Tu aimerais mettre ta chaussure tout seul ? »

Ensuite, validez en montrant à votre enfant que vous comprenez ce qu'il vit soit en le disant (« je comprends »), soit par votre attitude. Validez leurs émotions, mais pas leur comportement. « Tu voulais fermer la porte toute seule. Je comprends que tu sois frustrée, ma puce, mais on ne tape pas. »

Offrez des alternatives

Souvent, on dit non à un enfant, mais sans lui enseigner ce qu'il pourrait faire d'autre. Or, il est difficile pour lui de savoir ce qu'il peut faire à la place de taper lorsqu'il se sent fâché, par exemple. Nous ne voulons pas que nos enfants taisent leurs émotions ou leurs sentiments. Nous voulons qu'ils apprennent à les exprimer, mais de façon constructive et respectueuse. Donnons-leur des pistes.

« Tu ne voulais pas que Julie prenne ton jouet, je comprends [validation]. Par contre, on ne tape pas.

Tu peux lui dire [alternatives] : "Non", "Arrête", ou tu peux venir me chercher, mais on ne tape pas. »

Ou bien : « Je vois que tu voulais faire un gros câlin [décodage] à Inès, mais on ne mord pas. Tu peux lui faire un bisou ou la serrer dans tes bras [alternatives], mais pas mordre. »

Ou bien : « Tu es fâché que maman ne dise pas oui pour un dessin animé. Je comprends. Par contre, on ne griffe pas. Tu peux me dire "Je suis fâché" ou tu peux taper les pieds par terre, mais on ne griffe pas. »

Restez très bref, votre enfant ne pourra vous écouter que quelques secondes.

> Ce n'est pas parce que vous lui avez dit cela une fois qu'il va l'intégrer tout de suite. Tout apprentissage prend du temps et demande de la patience et de la répétition.

Répondez à son besoin

Souvent, le comportement de l'enfant nous fait comprendre qu'il est contrarié ou frustré, mais parfois à cela s'ajoute la faim, la fatigue ou le trop-plein de stimulations (bruits, personnes, lumières). Plus votre enfant est fatigué, a faim ou est en surstimulation, moins il arrivera à se contrôler. Essayez donc de détecter s'il y a un besoin derrière le comportement afin de pouvoir y répondre au mieux.

Beaucoup d'enfants ont tendance à mordre lorsqu'ils ont faim et c'est un signal qu'il est l'heure de passer à table ! Essayez d'anticiper et de ne pas attendre que votre enfant soit affamé pour lui donner à manger. Aidez-le également à verbaliser ce besoin plutôt que de l'exprimer à travers la morsure.

Restez dans les parages pour les coacher

Votre enfant est encore petit et a besoin de votre aide pour apprendre à s'exprimer, se réguler et interagir avec les autres. Si votre enfant a tendance à très souvent taper, griffer ou mordre, essayez de garder un œil sur lui lorsqu'il joue avec d'autres enfants afin de :

- Mieux comprendre dans quelles situations il réagit ainsi et ce qu'il essaie d'exprimer dans ces moments-là. Par exemple, qu'il mord lorsqu'il a faim ou qu'il tape lorsqu'il est fatigué.
- Intervenir avant qu'il agisse ainsi : « Je vois que tu aimerais prendre le jouet de Camille. On peut lui demander si elle est d'accord pour te le prêter ou bien on peut trouver un autre jouet amusant. » Là, vous donnez un coup de main à votre enfant pour l'aider à résoudre ce problème sans taper et vous lui montrez un comportement qu'il pourra imiter par la suite.

Parfois, on ne voit pas que nos enfants vont taper, griffer ou mordre, mais si vous êtes près de votre enfant, vous pourrez au moins réagir rapidement.

Chaque fois qu'un enfant tape, si nous réagissons toujours de la même façon en lui disant par exemple « non, on ne tape pas », il va apprendre plus facilement que c'est un comportement qui sera toujours inacceptable dans notre famille. Si en revanche notre réaction est fluctuante, nous amenons de la confusion dans son esprit ; et si notre réaction est violente, il répétera d'autant plus ces comportements par la suite.

Acceptez la colère

Dans l'imaginaire collectif, un enfant modèle ne fait pas de colères. Essayons de regarder les choses autrement. La colère est une émotion extrêmement importante et précieuse. Elle nous permet de nous défendre, de nous affirmer, de nous protéger. Il ne s'agit pas de la diaboliser, bien au contraire. Ce que l'on souhaite, c'est que nos enfants apprennent à se défendre, à s'affirmer et acceptent leur colère, mais qu'ils l'expriment sans taper, mordre ou griffer.

Lorsqu'ils sont en colère, montrons-leur donc que nous comprenons cette émotion et que nous ne la rejetons pas, mais aidons-les à trouver des façons socialement acceptables de l'exprimer.

Que faire si l'enfant est en pleine crise lorsqu'il tape ?

Nous avons vu dans le chapitre sur les crises (p. 199) comment nous pouvons accompagner nos enfants dans ces moments-là. Rappelez-vous d'identifier le déclencheur de la crise pour adapter votre réponse au comportement de votre enfant. Si celui-ci tape un autre enfant, posez la limite : « Non, on ne tape pas. Je comprends que tu es fâché mais on ne tape pas ! »

S'il continue à taper, alors on le porte ailleurs afin qu'il arrête en lui disant qu'on voit que ce moment est difficile et qu'on l'éloigne pour l'aider à se calmer. Si l'enfant veut jeter un objet, on le lui enlève calmement (avec confiance, sans hésitation ni brusquerie). Vous aidez votre enfant pendant ce trop-plein à ne pas faire mal à d'autres personnes et à ne pas détruire de matériel. Cela lui procure énormément de stress d'être dans quelque chose de destructeur, aidez-le à en sortir.

Inutile de regarder passivement la situation en disant stop. Il faut intervenir afin de poser une limite rassurante et aider votre enfant. Si vous criez, vous amplifierez son stress et donc sa confusion et son agitation interne. Par la suite, une fois l'enfant calmé, vous pourrez lui apprendre comment exprimer autrement sa frustration en lui offrant des alternatives.

Apprendre à nos enfants à s'excuser

Dire pardon est un des vecteurs les plus puissants de l'apprentissage. Pourquoi ? Lorsqu'on s'excuse, on doit aller vers l'autre personne et on prend alors conscience de ce qu'on a fait. La connexion à cette culpabilité saine nous aide à développer notre sens moral et notre respect. Punir dans la chambre ne met pas l'enfant en relation avec la personne qu'il a blessé, ça l'isole simplement. Alors que le fait de nous excuser nous fait voir la réalité de notre geste. La culpabilité, contrairement à ce qu'on croit souvent, est une émotion très saine lorsqu'elle est vécue de la sorte. Il ne sert à rien d'en rajouter des tonnes, d'être dénigrant et de culpabiliser l'enfant encore plus. Cela sera toxique et contre-productif. Juste l'expérience du pardon suffit... puis on passe à autre chose.

Que mettre en place en prévention ?

- Veillez à ce que votre enfant ait suffisamment de sommeil.
- Ayez un en-cas avec vous si votre enfant réagit fortement à la faim.
- Assurez-vous qu'il puisse bien se dépenser physiquement chaque jour.
- Essayez de réguler vos émotions afin de lui donner un exemple qu'il pourra imiter.
- Faites attention aux écrans. Trop de jeux vidéo, de télévision ou de smartphone surstimulent votre enfant. Il a ensuite moins de ressources pour faire face à des moments difficiles.

- Veillez à ce qu'il regarde des dessins animés adaptés à son âge. Les jeux vidéo ou dessins animés violents peuvent avoir un impact très négatif sur lui puisqu'il aura tendance à reproduire ce qu'il voit. Un contenu inadapté peut également lui faire peur et générer du stress et des comportements agressifs. J'ai si souvent vu une diminution drastique de ces comportements (taper, mordre, griffer) chez de nombreux petits patients lorsque la fréquence d'exposition aux écrans a été réduite et que le contenu a été modifié.
- Dans la même lignée, n'utilisez jamais de violences verbales ou physiques et ne faites pas peur à votre enfant. Si tel est le cas, il va répéter ce qu'il voit mais il sera également beaucoup plus stressé et, par conséquent, potentiellement plus agressif. Rappelons-le, un excès de stress nous fait basculer en mode combat-fuite-inhibition. Le fait de taper peut être un signe que l'enfant est en mode combat et rencontre trop de stress.

Quand faudrait-il consulter ?

Si ces comportements sont très fréquents, que vous êtes inquiet, que la crèche ou l'école vous en parle souvent ou que vous sentez votre enfant en souffrance, n'hésitez pas à consulter. Ces comportements sont souvent liés à l'immaturité du cerveau de l'enfant mais ils peuvent, bien sûr, également traduire une souffrance, une anxiété et être amplifiés par d'autres éléments – conflits de couple, maltraitance, stress intense, réaction post-hospitalisation, changement d'école, déménagement, arrivée d'un autre enfant dans la famille, etc.

Ne pas rester seul avec nos inquiétudes et nos questions est toujours une option enrichissante. N'hésitez pas à en parler si besoin.

Les punitions, est-ce que ça marche ?

Une des phrases que j'entends le plus souvent de la part des parents c'est : « Mais il faut qu'il comprenne ! » Et on pense souvent que pour que l'enfant comprenne, il faut le punir ou crier. Mais en le punissant, est-ce qu'on l'aide réellement à comprendre et apprendre ? Comment apprenez-vous mieux, vous, en tant qu'adulte ? Lorsqu'on vous crie dessus et qu'on vous punit ? Ou lorsque quelqu'un de respectueux et soutenant prend le temps de vous coacher ? Jane Nelsen le résume magnifiquement bien : « D'où nous vient cette folle idée que pour qu'un enfant se conduise mieux, il faut d'abord qu'il se sente dévalorisé ? »[3]

On part du postulat que les gens apprennent par la force, l'autorité, la punition ou le châtiment. Avec le recul et les connaissances que l'on a aujourd'hui sur l'apprentissage, pouvons-nous vraiment continuer à penser ainsi ?

Sortir de la peur et de la domination

Nous avons reçu en héritage l'idée que les enfants apprennent par le rapport de force, l'autorité, la punition, le châtiment. Nous pensons que pour qu'un enfant comprenne, il faut faire les gros yeux, la grosse voix et le punir. Certes, l'enfant, comme tout être humain, peut apprendre à obéir ainsi. Mais est-ce vraiment notre but ? Quand nous crions sur un enfant ou lui faisons peur pour qu'il ne refasse pas une crise, apprend-il vraiment à gérer ses émotions ? Non, il apprend juste à se taire. La peur et la domination apprennent à nos enfants à effacer un comportement mais pas à gérer ce qui se cache derrière. Cela ne leur permet pas de comprendre leurs besoins, de réguler leurs émotions ou de

3. Jane Nelsen, *La Discipline positive*, Marabout, 2014.

trouver des solutions face à un problème. Cela leur apprend juste à être sages… mais jusqu'à quand ? Ne dit-on pas que quand le chat n'est pas là, les souris dansent ? Un enfant éduqué par la peur ne tape pas pour éviter de faire du mal à l'autre mais pour éviter d'être grondé ! Voulons-nous éduquer des enfants qui ne font pas quelque chose par peur de se faire gronder ou bien parce qu'ils ont réellement compris et intégré les conséquences de leurs actes ? des enfants qui sont obéissants mais incapables d'exprimer leurs émotions ? ou des enfants qui se connaissent et savent communiquer leurs besoins de façon constructive ? Ne serait-il pas temps alors de repenser notre modèle éducatif ?

Regardons d'un peu plus près ce que la punition apprend réellement à nos enfants.

La punition : une action en surface

La punition vise le comportement. Les anciennes méthodes de dressage animalier préconisaient de frapper l'animal lorsqu'il ne faisait pas ce qui était attendu de lui. L'animal associait alors le comportement non souhaité à quelque chose de très désagréable et, par conséquent, ne répétait plus le comportement en question. L'objectif de la punition est exactement le même. On veut que l'enfant comprenne que s'il agit de telle ou telle façon, il y aura une conséquence désagréable et qu'il a donc tout intérêt à éviter ce comportement.

L'un des problèmes avec ce type de méthode est qu'on « travaille » uniquement en surface. On ne s'intéresse pas du tout à la raison pour laquelle le comportement apparaît et à ce que notre enfant essaie de nous dire. On essaie juste d'effacer le comportement indésirable ou de renforcer le comportement désirable.

Imaginons que vous aimeriez qu'un ami arrête de fumer. Pour parvenir à votre objectif, vous le punissez chaque fois qu'il fume en l'enfermant dans sa chambre. Au bout d'un moment, votre ami en aura peut-être vraiment assez d'être enfermé et arrêtera de fumer. Pourtant, s'il fumait, c'est qu'il y avait une raison. Peut-être du stress ou une difficulté à gérer ses émotions. La punition ne va pas régler ces problèmes-là. La personne arrêtera peut-être de fumer parce qu'elle en aura marre d'être punie mais elle se mettra à manger plus ou à boire pour compenser son stress ou se montrera beaucoup plus irritable et impulsive. N'aurions-nous pas meilleur temps de nous intéresser aux causes et aux motivations d'un comportement plutôt qu'uniquement au comportement lui-même ?

Je me répète, la punition vise à effacer un comportement mais ne résout pas ce qui se passe à l'origine de ce comportement. Prenons un autre exemple : imaginons qu'un enfant en tape un autre parce qu'il lui a arraché un jouet des mains. Lorsqu'un enfant tape, c'est souvent une façon d'exprimer qu'une limite a été franchie. C'est un moyen de dire : « Je ne veux pas que tu me fasses cela, stop ! » Est-ce que l'enfant a le droit de taper ? Non, bien sûr ! Par contre, a-t-il le droit d'être en colère ? Oui ! La colère est une émotion saine qui nous indique que la situation ne nous convient pas et qui nous aide à poser une limite.

> Quand un enfant tape, on veut donc qu'il comprenne qu'il a le droit d'être en colère mais pas de l'exprimer ainsi. Notre rôle est de l'aider à écouter ses émotions et à trouver les moyens de les exprimer adéquatement : « Tu as le droit d'être en colère mais pas de taper. Tu peux dire non ou stop mais on ne tape pas. »

Si nous nous centrons juste sur le comportement en punissant l'enfant ou en lui disant « non », nous faisons uniquement un travail en surface. Nous ne lui apprenons pas à écouter son émotion qui l'informe sur le fait que cette situation ne lui convient pas. Nous ne lui apprenons pas non plus à exprimer sa colère de façon « acceptable ». Il risque alors de continuer à taper, ne sachant pas comment exprimer autrement sa colère, ou bien de réprimer ce qu'il ressent et de se laisser faire, ne sachant pas comment s'affirmer.

La punition affecte la relation

Un des drames de la punition est qu'elle nous distancie de nos enfants. L'enfant puni a l'impression qu'on ne s'intéresse pas à ce qu'il vit, à ce qu'il ressent, à ce qu'il veut dire, mais uniquement à la façon dont il agit. On regarde le comportement, mais pas son message. C'est pour cela qu'on entend si souvent les enfants dire : « C'est injuste ! »

> Moins l'enfant se sent entendu, compris, soutenu, moins il aura envie d'écouter, de collaborer, de faire confiance.

Alors il s'endurcit, met une carapace et nous dit qu'il s'en fiche. En réaction, les parents ont l'impression qu'ils doivent augmenter les punitions pour avoir un « impact », et cela se transforme en un cercle vicieux destructeur.

La punition désécurise

« Va dans ta chambre, je ne veux plus te voir, tu es insupportable. » La punition peut être ressentie comme une menace à la sécurité de la relation. Nous sommes des mammifères et les enfants sont dépendants de nous. Si notre amour envers eux est pour nous une évidence, les choses ne sont pas toujours aussi claires pour eux lorsqu'ils entendent ces mots et ils se sentent rejetés ou ont peur. Ils peuvent craindre qu'on les abandonne et sont alors dans une situation de stress extrême.

Or, rappelons-le, trop de stress fait souvent basculer le cerveau de l'enfant dans le mode combat-fuite-inhibition. Plus il a de stress en lui, plus il sera agité, aura du mal à se réguler et sera impulsif et violent. L'enfant puni voit son taux de stress augmenter et son comportement se détériore ensuite !

Les parents se disent qu'ils doivent donc être encore plus autoritaires et augmenter les punitions. Ce cercle vicieux est à la base d'un grand nombre des troubles du comportement que nous pouvons voir chez l'enfant. Il est fondamental de le comprendre pour pouvoir y mettre fin et réinstaller un sentiment de sécurité au sein de la relation.

La punition ne responsabilise pas

En utilisant la punition, nous apprenons à nos enfants à éviter un comportement non pas parce qu'il a une conséquence sur quelqu'un, sur lui-même ou sur un objet, mais pour éviter une sanction.

Prenons un exemple. Il y a quelques années, j'étais assise dans un parc et mes enfants jouaient avec leurs amis. Une des petites filles du groupe a tout à coup griffé jusqu'au sang l'une de ses copines. Elle est alors venue vers moi en me disant : « Tu ne diras pas à ma maman, hein ? Je ne veux pas qu'elle me punisse. » La petite fille n'était pas du tout en train de se préoccuper de sa copine qui saignait, mais avait peur d'être punie. Est-ce cela que nous voulons apprendre à nos enfants ? Non ! Nous voulons leur apprendre que certains actes ont des conséquences sur d'autres êtres humains et que c'est pour cela qu'on ne les fait pas.

Les enfants punis n'ont pas un référentiel interne, mais un référentiel externe. « Je ne fais pas cela car sinon la maîtresse va me punir », « Maintenant je peux faire cela car la maîtresse n'est pas là » et non pas « Je ne fais pas cela car cela peut faire mal à l'autre ». Les enfants punis se responsabilisent moins quant à leurs actes et ont tendance à plus souvent mentir que les autres enfants afin d'éviter une punition.

> Comme le dit si joliment le psychologue Haim Ginott : « Quand on punit les enfants, ils se promettent d'être plus prudents et non plus obéissants ni plus responsables[4]. »

La punition dévie l'attention

En punissant nos enfants, on dévie leur attention sur autre chose que la conséquence de leurs actes. Si mon enfant dessine sur le mur, ça abîme le mur ; s'il m'insulte, ça me blesse ; s'il tape ses copains, ça leur fait mal et ils n'auront plus envie de jouer avec lui. Si vous punissez votre enfant qui a insulté sa copine, en la privant de télé pendant une semaine, vous déviez son attention sur autre chose que les conséquences de son acte – son amie est triste et ne veut plus jouer avec elle. Au lieu de comprendre cela, l'enfant punie va être fâchée de sa privation d'écrans, fâchée contre ses parents, fâchée contre sa copine, mais ne va pas comprendre qu'insulter est blessant, que ce n'est pas constructif dans une conversation et que ça n'a pas résolu le problème auquel elle faisait face.

En la punissant, vous ne lui permettez pas de se connecter à la culpabilité qu'elle va naturellement ressentir et qui est une émotion extrêmement importante et utile dans la construction de notre sens moral. En effet, la culpabilité nous permet de ressentir

4. Dr Haim G. Ginott, *ibid.*

quand on fait quelque chose qui ne va pas. Si vous punissez l'enfant, vous le déviez donc de cette émotion si importante dans l'apprentissage.

> Les punitions sont des bruits parasites qui empêchent les enfants de voir les conséquences de leurs actes et de ressentir une culpabilité constructive qui leur permettra de se responsabiliser peu à peu.

La punition n'apprend pas à traverser ses émotions

En punissant nos enfants, nous ne les aidons pas non plus à traverser l'émotion qu'ils vivent et à s'apaiser. Or on sait aujourd'hui que les enfants qui ont des parents qui les aident à se réguler apprennent beaucoup plus vite à se calmer que les enfants qui sont livrés à eux-mêmes face à leurs émotions ou qui se font crier dessus ou punir.

La punition rend l'enfant passif

Prenons un exemple : votre enfant dessine sur le mur.

Situation 1 : vous criez et lui dites : « Va dans ta chambre et tu es privé de télé. »

Situation 2 : vous le rendez actif. « Tu as écrit sur le mur, regarde, ça l'a taché. On peut prendre un chiffon pour tout nettoyer. »

L'enfant participe à la réparation de son acte et comprend donc réellement quelles en sont les conséquences. Plus on est actif dans une situation, plus on apprend et plus on intègre efficacement l'information.

L'important est de ne pas humilier ou rabaisser notre enfant. Si je lui dis : « Regarde ce que tu as encore fait sur le mur ! Tu l'as taché. Viens le nettoyer tout de suite ! », l'enfant va se sentir agressé et se mettra dans une position défensive. Il aura du mal, sous ce stress, à pouvoir intégrer ce qu'on lui dit. Notre ton et notre attitude bienveillants vont permettre à notre enfant de réellement nous écouter. C'est à travers les erreurs et les expériences que l'enfant se construit et apprend. Ces moments sont des opportunités d'apprentissage. Saisissons-les en créant une réceptivité et non une opposition.

La punition affecte l'estime de soi

Parfois, lorsque nous punissons nos enfants, nous sommes irrités, agacés et nous ne contrôlons pas toujours nos mots : « Tu es stupide, maladroit, chiant », etc. Bien sûr, ces mots s'imprègnent dans la tête de nos enfants et ils commencent à s'identifier à ces adjectifs. Nous souhaitons évidemment éviter ce scénario.

Le modèle d'identification

Nos enfants apprennent en nous regardant et en nous imitant. Lorsque vous punissez votre enfant et que vous lui dites : « Je ne veux pas t'entendre, va dans ta chambre ! », vous lui apprenez que lorsque vous n'êtes pas d'accord avec ce que quelqu'un fait ou lorsque vous êtes énervé ou frustré, vous avez le droit de lui crier dessus, de le forcer à aller dans sa chambre, de l'ignorer. Vous lui transmettez le message que la force est préférable au dialogue. Il reproduira ce modèle dans la relation avec ses amis lorsqu'il sera face à un conflit ou à une frustration. Est-ce vraiment ce que nous voulons transmettre aux adultes de demain ? En voyant les différentes conséquences des punitions, pouvons-nous vraiment continuer à punir nos enfants en pensant que cela leur apprend quelque chose ?

En fin de compte, punir un enfant, c'est agir en surface, sans toucher ce qui se joue en profondeur. La punition ne l'aide pas à comprendre, à réfléchir, ni à grandir. Elle crée de la peur, du repli ou de la colère, mais rarement une véritable prise de conscience. Elle coupe le lien plutôt que de le renforcer, elle déconnecte l'enfant de lui-même au lieu de le guider vers une meilleure compréhension de ses actes et de leurs conséquences.

Éduquer, ce n'est pas faire obéir par la peur, mais accompagner pour grandir. C'est en nourrissant la relation, en cultivant l'écoute, la coopération et le respect mutuel que l'enfant pourra réellement développer sa responsabilité, sa conscience de l'autre et de lui-même. Apprenons à regarder au-delà du comportement, à comprendre ce qu'il révèle, et à accompagner l'enfant avec bienveillance, fermeté et sens.

Mon enfant est terrible, je ne sais plus quoi faire !

Bien sûr, c'est une façon de parler, car aucun enfant n'est « terrible » – ce sont parfois leurs comportements qui peuvent l'être. Votre enfant n'écoute plus, tape, s'oppose, s'agite ? Vous avez peut-être l'impression d'avoir tout essayé, sans résultat. Et naturellement, vous vous dites : « Il faut que je sois plus ferme… » ou « Il me teste, il a besoin d'autorité ! » Et si nous regardions les choses autrement ?

Je vois des enfants à longueur de journée dont les parents consultent pour des difficultés de comportement. Et je vous assure que la raison n'est presque jamais celle que l'on pense. Beaucoup s'imaginent qu'un enfant turbulent manque simplement de cadre ou d'autorité. Or, dans la grande majorité des cas, ces enfants ont justement des parents qui posent des limites. Le vrai enjeu, ce n'est pas tant l'absence de règles, mais la manière dont elles sont posées : trop de pression, un cadre instable ou des réactions incohérentes peuvent générer du stress chez l'enfant, et donc amplifier les comportements difficiles.

À cela s'ajoutent d'autres facteurs essentiels dans la construction de ce qu'on appelle à tort « l'enfant terrible » : surcharge émotionnelle, besoin de connexion, imitation, fatigue, écrans, alimentation…

Regardons donc d'un peu plus près les raisons qui se cachent souvent derrière l'agitation et l'opposition de nos enfants.

Trop de stress

Quand on crie, qu'on punit, qu'on s'énerve, cela génère chez l'enfant un état d'alerte. Son cerveau passe alors en mode combat-fuite-inhibition. Résultat : il devient plus agité, plus opposant, voire agressif.

Contrairement à ce que l'on croit, plus on renforce le rapport de force, plus les comportements problématiques s'intensifient. Un enfant turbulent est donc parfois un enfant que l'on punit trop souvent ou sur lequel on crie trop fréquemment. Il ne s'agit donc pas de ne plus mettre de limites mais de revoir la façon dont nous les mettons et de commencer à nourrir le lien positivement plutôt qu'augmenter les relations de pouvoir.

Désécurisation du lien

Il est courant de penser que le comportement « terrible » de nos enfants est dû à un manque d'autorité de notre part. Pourtant, nous venons de le voir, ce n'est souvent pas une question de discipline, mais plutôt de stress accumulé. Lorsque nous crions, punissons ou exerçons des rapports de force, nous remplissons nos enfants de tensions qui les amènent à basculer en mode combat-fuite-inhibition. Ce mécanisme de défense les rend plus agités, opposants et agressifs. Mais au-delà de cela, ce stress fragilise le lien émotionnel entre nous. Face à cette insécurité, les enfants vont parfois répéter ces comportements pour s'assurer que nous restons là, que nous les aimons et que nous répondons à leurs besoins émotionnels. Ils cherchent ainsi à réaffirmer la stabilité de leur relation avec nous : « Est-ce que mes parents m'aiment encore ? »

Plus ils se sentent en insécurité, plus ils se comportent « mal » et plus nous crions. C'est un cercle vicieux qui se met alors en place et qui est à l'origine de la grande majorité des difficultés de comportements que nous voyons en cabinet.

Il s'agit donc de réinstaller un lien sécure avec nos enfants. Il est indispensable de leur montrer que quoi qu'ils fassent, nous les aimons toujours. Nous n'apprécions pas toujours leurs comportements mais nous les aimons eux quoi qu'il arrive. C'est ainsi que nos enfants n'auront plus besoin de tester le lien pour se rassurer sur le fait que nous les aimons. Il faut donc repartir sur de bonnes bases qui transmettent un sentiment de sécurité à nos enfants. Nous mettons des limites certes mais sans faire peur. Notre intention est d'accompagner et de coacher, non de dominer ! Vous trouverez plus d'informations à ce sujet dans le chapitre « Accepter nos enfants pour qui ils sont », p. 288.

Trop de rigidité ou trop de laxisme

Nos enfants ont besoin d'un bon équilibre entre cadre et autonomie, limites et libertés. Si leur quotidien n'est fait que de règles, ils étouffent et cherchent sans arrêt à s'en libérer. Tout comme si leur quotidien est fait de laxisme, c'est chaotique et anxiogène. Si l'enfant est très turbulent, cela peut donc être dans la recherche d'un bon équilibre entre les deux.

Manque de constance

En séance, je remarque fréquemment que des parents ne réagissent pas lorsque leurs enfants mettent la main sur leur visage ou grimpent sur eux. Cela se produit une, deux, trois, dix fois… puis, à un moment donné, ils explosent. Pour l'enfant, il est difficile de comprendre pourquoi nous n'avons rien dit les dix premières fois, mais que tout à coup, à la onzième, nous réagissons fortement. Les enfants ont besoin de repères clairs. Pas besoin de crier ! Mais il est important de faire comprendre rapidement à l'enfant quel comportement est acceptable ou non. La clarté est votre meilleur atout.

Manque d'alternative ou de voie d'expression

Lorsque notre enfant présente un comportement inadéquat, il est primordial d'essayer de comprendre pourquoi il agit de la sorte. Est-ce qu'il cherche votre attention ? Est-ce qu'il s'ennuie ? Pourquoi est-ce important ? Tout d'abord, parce que l'empathie calme nos émotions. Quand un enfant se sent entendu et guidé, il se régule bien mieux. Ensuite, le fait de comprendre ce qu'il cherche à communiquer va nous permettre de lui enseigner comme il peut exprimer ce besoin ou cette émotion de façon adéquate. Vous pouvez donc lui donner des alternatives : « Je comprends que tu t'ennuies ou que tu veux l'attention de maman, mais je dois parler un petit moment avec Alessandra. Tu peux faire un dessin ou jouer avec les Kapla ou bien tu peux rester sur mes genoux. ». Pour aider un enfant à grandir, il est donc essentiel de comprendre ce qui motive son comportement plutôt que de s'arrêter à ce qu'il montre en surface. Derrière un geste ou une réaction, il y a souvent un besoin, une émotion, une tentative d'exprimer quelque chose. Une fois que cette motivation a été identifiée, il devient alors possible d'accompagner l'enfant, c'est-à-dire de lui apprendre à exprimer ce qu'il vit de manière adéquate. Sans cela, le comportement risque simplement de se répéter, non par défi, mais parce que le message n'a pas été entendu – ou parce que l'enfant n'a pas été guidé pour apprendre et comprendre comment le dire autrement.

Incohérence éducative

Changer de méthode éducative chaque semaine déstabilise l'enfant. Un jour, on applique la bienveillance… le lendemain, on punit. Il ne sait plus à quoi s'en tenir. Souvenez-vous : ce dont il a besoin, c'est de stabilité, de répétition, et d'un cadre rassurant – pas de cris ni de punitions. Et cette cohérence éducative est importante entre les parents également. Nous passons tant de temps à débattre de nombreux sujets dans nos vies mais si peu à discuter entre parents de comment nous voulons éduquer nos enfants. Or, cette discussion est indispensable afin d'être une équipe pour accompagner nos enfants. Pour plus d'informations à ce sujet, vous pouvez écouter le podcast p. 30.

Trop d'écrans

L'exposition excessive aux écrans entraîne une surstimulation du cerveau de l'enfant, le plongeant dans un état de stress qui active le mode combat-fuite-inhibition. Ce stress, bien que souvent invisible à l'œil nu, a des répercussions très concrètes : nervosité, agitation, opposition… Il est donc essentiel de veiller non seulement à la quantité de temps passé devant les écrans, mais aussi à la qualité des contenus visionnés. Ces derniers doivent impérativement être adaptés à l'âge et à la sensibilité de l'enfant.

Je rencontre régulièrement des enfants de 5 ans ayant vu *Batman* ou *Pirates des Caraïbes*, et qui disent adorer ces films. Mais malgré tout, ceux-ci ont généré du stress en eux et impacté leurs comportements sans qu'ils s'en rendent compte. Dans ces situations, lorsque nous modifions ensuite la quantité et le contenu des écrans, les comportements de ces enfants se voient métamorphosés. Ne sous-estimez pas l'impact des écrans : ils peuvent transformer le quotidien.

Trop de sucre

Le sucre est un excitant puissant. Consommé en excès, il favorise l'agitation et rend la régulation plus difficile. Un petit plaisir au goûter, oui – mais pas dix par jour ! Essayez d'identifier quels aliments agitent plus votre enfant que d'autres. Avoir une bonne connaissance de l'impact de la nourriture sur notre énergie et nos comportements est un élément important dans la connaissance de soi.

Un lien affectif peu nourri

Nous l'avons dit à maintes reprises dans ce livre : le pilier de l'éducation, c'est le lien. C'est la relation qui constitue le pont entre nous et nos enfants. Nos enfants apprennent en nous regardant et en nous imitant. Pour que nos enfants nous écoutent, il faut nourrir la relation qu'on entretient avec eux. Si notre quotidien est fait d'interactions négatives et de rapports de force avec eux, il y a peu de chance qu'ils nous écoutent. Ils auront mis une carapace et porteront de moins en moins d'importance à ce qu'on leur dit. Veillez donc à nourrir le lien avant toute chose et remplir votre quotidien d'interactions positives avec vos enfants. Des interactions dans lesquelles ils se sentent vus, entendus, aimés et choyés !

La fatigue

Un enfant fatigué est un enfant qui gère moins bien la frustration et qui a peu de ressources pour se réguler. Posez-vous donc cette question : « Est-ce que mon enfant dort suffisamment ? Ses journées sont-elles trop longues ou trop chargées ? A-t-il trop d'activités dans sa semaine ? »

Notre propre état intérieur

Nos enfants sont des éponges émotionnelles. Quand nous sommes stressés, ils le sentent… et réagissent. Notre calme est leur sécurité. Prendre soin de soi, c'est aussi prendre soin d'eux. Nous avons tous connu ces instants où le stress nous envahit et c'est à ce moment-là que nos enfants deviennent plus turbulents. Cela montre à quel point notre énergie influence la leur. Un environnement calme et apaisé nourrit le bien-être de nos enfants. Bien sûr, il est impossible de toujours se sentir sereins, mais apprendre à gérer notre propre tension et prendre soin de nous-mêmes est essentiel, non seulement pour notre équilibre, mais aussi pour celui de nos enfants.

En résumé : votre enfant n'est pas « terrible ». Il essaie de dire quelque chose, à sa manière. Et souvent c'est un trop plein de stress et de trop nombreux rapports de force. Changeons donc de regard sur cela et sortons de l'idée que dès qu'un enfant s'agite, c'est qu'il manque de limites ! La façon dont nous posons les limites est bien plus importante que la limite en soi. Si ce sujet vous parle, je vous invite à poursuivre votre lecture avec les chapitres « Mon enfant ne m'écoute pas ! », « Mon enfant tape, griffe et mord ! » et « Mon enfant ne veut pas ! » p. 137, 211 et 190.

J'aimerais finir ce chapitre en rappelant que la turbulence de nos enfants peut aussi être due à des conditions physiologiques et psychiatriques. Si vous vous sentez en difficulté, n'hésitez donc pas à consulter pour comprendre ce qui se passe pour votre enfant, comment l'accompagner et recevoir le soutien nécessaire à chacun !

Comment accompagner mon enfant face à ses peurs ?

« J'ai peur d'aller dans ma chambre. » « J'ai peur de l'eau. » « Je ne veux pas monter sur le toboggan. » « J'ai peur d'aller à l'école. » « J'ai peur de mourir. »

Pourquoi a-t-on peur ?

Les peurs sont avant tout un mécanisme de protection, mais peuvent aussi être amplifiées par des phases de développement de l'enfant, son environnement ou encore sa nature. Détaillons cela.

Un mécanisme de protection

Nous ressentons de la peur quand nous percevons une menace. Elle nous permet d'adopter un comportement prudent dans des situations qui le nécessitent et, par conséquent, de rester en sécurité. C'est une émotion utile à tout être humain et il est important de montrer à nos enfants qu'il est sain et normal de ressentir de la peur par moments.

Étant plus vulnérable et ayant une moins bonne compréhension de son environnement, l'enfant peut avoir des peurs différentes de l'adulte. Il peut ressentir de la peur face à des situations par manque d'expérience et de connaissance. Typiquement, il peut avoir peur des monstres car il ne comprend pas encore que ce qu'il voit dans un livre ou en imagination n'existe pas forcément. Il peut avoir peur d'aller à la crèche car il n'est pas encore sûr que ses parents reviendront le chercher. Il peut avoir peur de commencer le ski ou une activité aquatique car ce sont des nouveautés. Les enfants font face à beaucoup de changements et de découvertes et cela active par moments leur système de vigilance.

« Est-ce que je suis en sécurité ? » Leurs peurs diminueront naturellement avec leur développement cognitif, leurs expériences et notre accompagnement.

Les peurs développementales

Les peurs sont souvent en lien avec les différents stades de développement de l'enfant. Par exemple, à 3 ans, l'enfant comprend que les loups existent et peuvent être dangereux et en a peur. Cette peur disparaît naturellement lorsqu'il grandit et comprend que les loups ne viennent pas dans les habitations. Vers l'âge de 8 ans, il comprend que les maisons ou les appartements peuvent se faire cambrioler ; la peur des cambrioleurs peut donc apparaître à ce moment-là.

La peur de la mort surgit parfois lorsque l'enfant découvre la mort à travers la perte d'un être proche ou d'un animal. Il commence alors à se poser des questions plus ou moins profondes en fonction de son âge.

Les peurs typiques selon l'âge :

3-5 ans : peur des loups, des monstres et des sorcières.

5-10 ans : peur de la mort.

7-9 ans : peur des cambrioleurs.

Ces différentes peurs disparaissent souvent spontanément lorsque l'enfant commence à mieux comprendre le monde qui l'entoure.

Les peurs liées à l'environnement

L'environnement familial

Si l'enfant vit dans un environnement stressant (conflits incessants, stress familial, changements de domicile fréquents, routines changeantes, etc.), cela va induire des tensions en lui et, par conséquent, impacter ses peurs. En effet, l'enfant stressé aura moins de ressources pour gérer ses émotions, les informations, les changements et les stimulations de son environnement et pourra alors être plus vulnérable face aux peurs. La stabilité est rassurante et trop de changements dans nos réactions, nos humeurs, nos lieux de vie ou notre routine peuvent augmenter les peurs de nos enfants.

L'environnement médiatique

Les peurs et l'anxiété de l'enfant peuvent augmenter lorsqu'il est confronté à des dessins animés, des films, des émissions ou des vidéos qui ne sont pas adaptés à son âge car il n'a pas encore les outils pour comprendre et digérer les informations reçues. Il est donc important de faire attention à ce que l'enfant entend et voit ainsi qu'à la durée d'exposition aux écrans (voir le chapitre « Les écrans, je ne sais plus quoi faire ! », p. 248).

L'environnement émotionnel

L'enfant est extrêmement sensible à nos émotions. S'il nous sent anxieux, déprimé ou dans un mal-être, il pourra se sentir désécurisé et cela peut provoquer des peurs. Mais un des aspects qui influence le plus nos enfants, c'est nos propres peurs et notre attitude face à celles-ci.

Si nous dépeignons le monde extérieur comme dangereux et enchaînons les « fais attention, ne touche pas cela, tu vas tomber, c'est risqué », cela pourra réellement amener l'enfant à être plus craintif. Il est ainsi primordial d'apprendre à mieux gérer nos propres anxiétés afin de ne pas le contaminer.

La nature de l'enfant

Elle joue un grand rôle dans l'apparition des peurs. Certains enfants ont tendance à être plus craintifs que d'autres. Nous sommes tous différents et c'est cette diversité qui est enrichissante et intéressante. L'objectif n'est donc pas de vouloir transformer la nature profonde de notre enfant, de lui montrer qu'on n'accepte pas qui il est et de vouloir en faire quelqu'un de très téméraire. Pourquoi est-ce important ? Parce que si l'enfant sent qu'on aurait souhaité un enfant qui n'est pas craintif et que ses peurs nous agacent ou nous inquiètent, cela va le stresser et augmenter l'intensité de ses réactions. Ce que nous voulons donc lui transmettre, c'est que quelle que soit sa personnalité nous l'aimons et le soutenons. En revanche, nous voulons l'aider à déployer ses ailes et ne pas se sentir constamment figé et envahi par ses peurs. La prudence est une chose mais le fait de se sentir coincé et submergé par nos craintes en est une autre. Nous voulons donc aider nos enfants à être eux-mêmes tout en leur donnant les outils pour ne pas être bloqués par leurs peurs.

Que faire face aux peurs de nos enfants ?

Commencez par vous demander s'il y a quelque chose dans son environnement, ou dans votre propre anxiété, que vous pouvez travailler afin de l'aider face à ses peurs. Ensuite, accueillez la peur de votre enfant. On a parfois envie de rassurer (« Mais non, il ne va rien t'arriver »), de minimiser (« Ce n'est rien, tu exagères ») ou de critiquer (« Tu es vraiment un petit peureux »), mais je vous propose tout d'abord d'écouter votre enfant.

> Plus un enfant se sent entendu et compris, plus il se sent détendu. Laissons-le nous dire ce qui lui fait peur, sans l'interrompre à tout bout de champ.

Bien l'écouter vous permettra également de mieux comprendre sa peur et de l'accompagner plus efficacement. Voici 4 étapes pour aider votre enfant face à ses peurs.

Étape 1 : écoutez et validez

Écoutez ce que votre enfant vous dit au sujet de sa peur. Validez ensuite ce qu'il est en train de vivre : « Je comprends que cela te fasse peur. » L'empathie calme naturellement l'intensité émotionnelle. Mettez-vous à sa place et essayez de voir le monde à travers ses yeux. On peut ainsi mieux comprendre que les loups font peur, que l'eau est dangereuse, les insectes effrayants, les cambrioleurs menaçants et la mort inquiétante. Montrez à votre enfant qu'il n'est pas le seul au monde à ressentir cela et que vous comprenez ses peurs. Il se sentira automatiquement moins tendu et moins effrayé. Vous pouvez lui dire que vous aussi, au même âge, vous aviez certaines peurs.

L'écoute, l'acceptation et le fait de se sentir compris sont la première étape pour accompagner nos enfants face à leurs peurs. Ayez à l'esprit que lorsque quelqu'un a peur, c'est son cerveau émotionnel ou reptilien qui prend le dessus. Il ne peut alors pas raisonner de façon logique et posée. Inutile d'essayer de le raisonner avant que l'intensité émotionnelle et la tension corporelle soient apaisées. Pour ce faire, le contact physique, les câlins, notre calme, notre écoute et notre empathie sont ce qu'il y a de plus efficace. Serrez votre enfant dans les bras et laissez-le pleurer si cela lui fait du bien. Montrez-lui votre présence sécurisante et rassurante. Une fois l'enfant calmé, ou le lendemain, vous pourrez entamer les étapes décrites ci-dessous.

Étape 2 : donnez quelques brèves explications

Donnez quelques brèves explications à l'enfant qui l'aideront à comprendre rationnellement pourquoi il n'est pas en danger. « Je comprends que tu aies peur de l'eau. Tu m'as dit que tu avais peur de couler, c'est ça ? Je comprends. Mais tu as tes brassards et tu vas flotter tout joliment. » « Je comprends que l'accrobranche te fasse peur. Mais regarde, tu es tenu par un harnais et donc tu es accroché et tu ne peux en aucun cas tomber. » « Je comprends que les loups te fassent peur, mon cœur. Mais ils n'habitent pas dans les villes, ils ne peuvent pas venir chez les gens et cela ne les intéresse pas. Eux, ils veulent être dans leur forêt. » À chaque fois, rappelez à l'enfant qu'il est en sécurité. « Tu es en sécurité dans ta chambre », « Tu es en sécurité avec ton harnais », etc.

Étape 3 : guidez et accompagnez

Lorsque nos enfants ont peur, nous voulons leur offrir de l'empathie et de la compréhension tout en les aidant à traverser leurs peurs. En effet, gérer nos peurs, ce n'est pas les éviter ou les fuir mais apprendre qu'on n'est pas impuissant face à elles et qu'on peut les traverser. Mais nous ne voulons pas non plus ignorer la peur de l'enfant et le confronter trop directement ou brutalement à elle.

Il faut un doux mélange entre empathie et confrontation pour apprendre à gérer ses peurs. Par exemple, si votre enfant a peur de l'eau, vous n'allez pas lui dire : « Ce n'est rien, voyons ! » et le jeter à l'eau pour qu'il affronte sa peur. Vous ne voulez pas non plus partir de la piscine en lui disant : « Ne t'en fais pas mon chéri, je comprends ta peur, je ne te mettrai jamais dans l'eau ! »

Nous voulons donc exposer nos enfants à leur peur, de façon graduelle, tout en leur apportant amour et sécurité.

Voici un exemple : « Je comprends que tu aies peur de l'eau, ça peut être impressionnant. Tu sais ce qui te fait peur dans l'eau ?

— J'ai peur de couler.

— Ah ! Est-ce qu'il y a autre chose qui te fait peur ?

— Non.

— Alors on va y aller petit à petit pour que tu puisses avoir moins peur de l'eau. Si tu veux, on peut juste rester assis à côté de l'eau et regarder les autres enfants nager ou on peut s'amuser à faire des devinettes près de l'eau ? »

Ensuite, à une autre occasion, ou le même jour si votre enfant se sent prêt : « Viens, on peut mettre les pieds dans l'eau et s'amuser à faire gicler l'eau. » Le rire aide bien sûr énormément nos enfants à se détendre. Le rythme auquel vous allez avancer va dépendre de ce que votre enfant peut supporter. Regardez-le pour voir si c'est trop ou pas assez. Vous le connaissez mieux que quiconque, donc faites-vous confiance. C'est un apprentissage et non un rapport de force. Le but n'est pas d'oppresser notre enfant, mais de lui montrer, petit à petit, qu'il est capable de surmonter ses peurs.

Étape 4 : recherchez des solutions ensemble

Vous pouvez aussi faire participer votre enfant et l'encourager à trouver des solutions qui l'aident à se sentir moins effrayé. Par exemple, si votre enfant a peur du noir lorsqu'il doit s'endormir, vous pouvez lui demander : « Qu'est-ce qui t'aiderait à te sentir mieux ? » Ensuite, regardez si ces propositions sont réalisables ou non. Impliquer activement l'enfant l'amène à mieux se connaître et savoir ce qui peut lui faire du bien dans un moment difficile. Le fait de réfléchir à des solutions diminue aussi l'intensité de l'émotion et le sort d'un sentiment d'impuissance. Pour finir, cela agit fortement sur l'estime de soi car l'enfant expérimente qu'il est capable de trouver des solutions face à un problème.

Si votre enfant n'a pas d'idées, ce n'est pas grave du tout. Vous pouvez lui faire quelques propositions telles que : est-ce que tu voudrais un gros câlin, aimerais-tu que je laisse une petite veilleuse dans ta chambre ou la porte ouverte ? Attention, un enfant en panique n'arrivera pas à réfléchir à des solutions car il sera trop envahi émotionnellement. Réservez cette technique aux situations où la peur est légère à modérée.

Des outils pour diminuer leurs peurs

Les peurs remplissent notre corps de tensions. Plus l'enfant sera détendu, plus il pourra raisonner logiquement et avoir plus de ressources pour combattre ses peurs. Il est donc essentiel d'utiliser différents moyens pour aider l'enfant à se détendre. En voici quelques-uns :

- Rire
- Faire des câlins
- Faire un massage
- Bouger, courir
- Pleurer : le fait de pleurer relâche la tension. Les larmes évacuent les hormones de stress et aident l'enfant à se sentir mieux.
- Jouer : par exemple, si votre enfant a peur du monstre dans sa chambre, vous pouvez jouer à courir dans la chambre pour combattre le monstre avec des peluches. L'enfant se sent souvent impuissant face à sa peur et le fait de jouer à être plus fort que le loup ou à combattre le monstre lui redonne un sentiment de contrôle.
- Parler ou dessiner les peurs
- Pratiquer un exercice de relaxation (voir suggestions ci-dessous)

Quelques exercices de relaxation à tester

On crispe... et on détend : on invite l'enfant à crisper tout son corps. On serre les poings, on tend les pieds, la mâchoire, etc. On compte jusqu'à 3 et on relâche tout. On apprécie ensuite, après une grande inspiration, cette légèreté qui s'est installée dans notre corps. On peut également le faire de façon plus imagée en demandant à l'enfant de faire semblant qu'il grimpe à une corde très haute et difficile. On grimpe, on grimpe, on grimpe, puis on relâche. On répète l'exercice à plusieurs reprises pour amener une détente corporelle chez l'enfant.

L'exercice du ballon : on inspire en comptant jusqu'à 3 et on expire en comptant jusqu'à 3. On demande à l'enfant de mettre sa main sur son ventre et d'imaginer que son ventre est comme un ballon qu'il gonfle et qu'il dégonfle.

L'exercice de la fleur : on demande à l'enfant d'imaginer qu'il respire une fleur qui sent merveilleusement bon. Cela l'aide à prendre une bonne inspiration. Ensuite, lors de l'expiration, on lui demande d'imaginer qu'il souffle sur des bougies ou sur un pissenlit. Plus vous offrez des images à votre enfant (ballon, fleurs, bougies), plus cela l'aidera à réaliser ces exercices.

> Ces exercices permettent à l'enfant de construire un sentiment de contrôle et de ne pas avoir l'impression qu'il est impuissant face à ses peurs. Il peut faire certaines choses pour les calmer.

La posture Savasana : si vous êtes adepte de yoga, vous connaissez certainement cette position. Allongé sur le dos, jambes et bras allongés, paumes vers le ciel, l'enfant inspire et respire doucement en laissant toutes ses peurs et son stress sortir de son corps et partir dans le sol.

L'exercice de la télécommande : si, lorsque l'enfant ferme les yeux, il voit une image qui lui fait peur, vous pouvez lui proposer d'utiliser sa télécommande imaginaire. Il peut alors zapper et passer de la chaîne de l'image qui fait peur à celle où il voit une image agréable (une magnifique piscine avec plein de toboggans, un cheval magique ou un ours protecteur, par exemple). Aidez-le à trouver et construire une image qui l'apaise et le sécurise. Cet exercice aide l'enfant à voir qu'il a un certain contrôle sur ses pensées. Il peut chasser l'image effrayante et n'est donc pas impuissant. Même s'il n'y parvient que quelques secondes, rassurez-le quant au fait que, peu à peu, il va arriver à garder plus longuement l'image agréable en tête. C'est une question de temps et de répétition de l'exercice.

L'acceptation

Un des secrets pour gérer ses peurs et ses angoisses n'est pas d'essayer de les éviter à tout prix mais de les accepter. On peut expliquer à l'enfant, selon son âge, que les peurs font partie de la vie et c'est OK ! On en a tous par moments. Ce n'est pas très agréable mais ce n'est pas dangereux. C'est comme des courbatures dans notre corps. On n'adore pas, mais cela passe. Et pour les aider à passer, on peut faire un peu de stretching. Pour les peurs, c'est pareil. Pour les aider à passer, on peut rire, faire un peu de relaxation ou des exercices de détente. Moins l'enfant aura peur de cet état et sentira qu'il a des outils pour se détendre, moins la peur et l'anxiété l'envahiront.

Ayons également à l'esprit que tout comme les courbatures nous indiquent un besoin de repos et de récupération, les peurs nous informent quant à notre environnement ou nos besoins. Il s'agit donc de pouvoir les accepter ET les écouter (est-ce que mes peurs indiquent que je manque de sommeil, que l'école me stresse beaucoup, etc.). Attention, nous parlons ici de peurs et d'anxiétés légères.

Si l'enfant est en souffrance et que ses peurs l'empêchent de vivre son quotidien confortablement, alors il n'est pas question de simplement les accepter. Dans ce cas, il est important de pouvoir l'aider à diminuer l'intensité de ses peurs et de consulter si nécessaire.

La confiance en soi

Apprendre à gérer ses peurs, c'est aussi apprendre à se faire confiance et à se sentir capable ! Et c'est un cercle vertueux qui se met en place : plus on a confiance en soi, plus on va se sentir capable de gérer ses peurs. Aider nos enfants à développer une bonne confiance en eux peut donc être une très bonne prévention vis-à-vis des peurs. Pour mieux comprendre comment faire, voir le chapitre sur la confiance en soi, p. 280.

L'importance de notre attitude

Souvent, quand nos enfants ont peur, cette peur nous contamine. Nous craignons qu'ils n'arrivent jamais à nager, à aller à la crèche, à enlever la couche, à réussir leurs examens, etc. Cette inquiétude peut se manifester par un sentiment d'impuissance, une agitation ou une colère envers nos enfants (on s'énerve car en fait on a peur).

Or, pour surmonter sa peur, un enfant a besoin de sentir notre confiance : « Je vois que c'est difficile pour toi maintenant, mais je sais que tu vas y arriver petit à petit. » S'il sent que nous sommes envahis par la peur, il va se figer et accumuler de la tension. Pas facile de se rassurer si on sent que notre maman ou notre papa est terriblement inquiet. Afin d'aider nos enfants, il est important d'identifier nos propres émotions et d'observer notre attitude et notre langage non verbal.

> Essayez de vous regarder lorsque vous êtes en train de rassurer votre enfant. Peut-être que vos mots lui communiquent quelque chose de rassurant mais que votre corps est rempli d'inquiétudes. Votre enfant est souvent plus sensible à votre langage corporel qu'à vos mots.

Notre difficulté à rassurer pleinement l'enfant lorsqu'il a peur vient parfois de notre peine à nous confronter personnellement à cette émotion difficile que nous avons l'habitude de fuir. Nous devons alors apprendre à survivre à cet inconfort et traverser cette émotion nous-mêmes avant de pouvoir apprendre à nos enfants à le faire.

Si vous ressentez de la peur concernant le comportement de votre enfant, essayez de comprendre d'où elle vient et ce que cela touche en vous. « Ai-je peur de ce que les gens vont penser si mon enfant pleure trop à la crèche ou qu'il devienne anxieux et ait toujours peur de se séparer de moi ? Est-ce qu'on ne m'a jamais rassurée en tant qu'enfant et je suis moi-même pleine de peurs et je ne sais pas comment rassurer mon enfant ? Ai-je l'impression de ne pas être à la hauteur ? » Mieux vous comprendrez ce qui se passe en vous, plus vous pourrez travailler sur la peur qui vous habite et accompagner votre enfant efficacement.

Décoder quelle est la vraie peur

Nos enfants peuvent avoir des peurs développementales typiques : peur du loup, peur des monstres, peur du noir, etc. Mais, parfois, leurs peurs sont une façon de nous dire que quelque chose d'autre se cache plus profondément en eux. Peut-être que votre enfant a peur de se séparer de vous car il vous sent déprimé et s'inquiète pour vous ? Peut-être qu'il a peur du noir et que cette peur cache en fait la tristesse qu'il ressent depuis votre divorce mais dont il peine à vous parler ? Peut-être qu'il a peur d'être malade parce que vous vous inquiétez toujours énormément au sujet de sa santé ? Peut-être qu'il a peur de tout car il ressent actuellement une grande pression scolaire et académique…

Les peurs de nos enfants peuvent donc être des signaux qui nous informent qu'il y a un souci et qu'il va falloir creuser plus en profondeur pour le comprendre. Si ces peurs durent et/ou sont intenses, demandez-vous si votre enfant ne serait pas en train d'essayer de vous communiquer quelque chose d'autre.

Quand consulter

Si les peurs sont fréquentes, intenses, invalidantes et que votre enfant est en souffrance ou que vous-même ne savez plus comment l'accompagner, le fait de consulter peut vous aider à mieux comprendre ce qui se passe et que faire. Ces symptômes sont souvent un message qu'il importe d'écouter.

Une aide extérieure peut être précieuse dans ces moments-là. C'est un cadeau que nous faisons à nos enfants pour les aider à apaiser leurs peurs et mieux se comprendre, mais également à nous-mêmes en tant que parents afin d'avoir des pistes de compréhension et d'action.

Les écrans, je ne sais plus quoi faire !

Nos vies actuelles allant à cent à l'heure, nous avons rarement le temps de souffler. Dans cette course effrénée, mettre nos enfants devant des écrans peut nous offrir un vrai moment de calme et de récupération. Les enfants sont contents et nous pouvons nous reposer. Cela semble être un scénario idéal et les écrans peuvent nous donner l'impression de nous faciliter la vie. Mais en réalité, c'est bien souvent le contraire. Pourquoi ?

Les deux effets boomerang des écrans

1) Les écrans n'apprennent pas à nos enfants à s'occuper seuls, à gérer leurs émotions et à jouer de façon autonome.

2) Les écrans augmentent leur niveau de stress.

Les écrans n'apprennent pas à nos enfants à s'occuper seuls, à gérer leurs émotions et à jouer de façon autonome

Nous avons tous le droit de nous sentir fatigués et de nous dire : « Bon, je mets un dessin animé pour les enfants. J'ai besoin de me reposer un peu. » Le problème, c'est la fréquence. Si, chaque fois que vous voulez occuper votre enfant, ou chaque fois que vous voulez qu'il arrête de pleurer ou de faire une crise, vous lui donnez un écran, vous allez au-devant de moments difficiles. En effet, vous apprenez à votre enfant à associer ennui, pleurs et/ou frustration à l'écran. Un dangereux cercle vicieux se met alors en place car l'enfant devient dépendant de l'écran pour s'occuper et n'apprend pas à élaborer un jeu par lui-même. De plus, il aura du mal à gérer sa frustration ou sa tristesse sans un écran si vous le lui donnez chaque fois qu'il fait une crise ou qu'il est triste.

Or, l'enfant doit apprendre, avec notre aide, à s'occuper, à jouer et à gérer ses émotions sans écran. Pour ce faire, il est primordial d'établir des règles claires et des routines quant aux moments d'utilisation des écrans. Non, on ne dégaine pas son smartphone n'importe quand. C'est à nous de gérer les moments de crise et de fatigue de nos enfants et non aux écrans. C'est à nous de les aider à développer leur capacité à jouer et à s'occuper sans les écrans. Certes, cela prend plus de temps et d'énergie, mais, sur le long terme, cela va être beaucoup plus utile et épanouissant pour l'enfant et pour vous.

Les écrans stressent les enfants

L'autre problème des écrans est qu'ils surstimulent bien trop souvent nos enfants. Les bruits, les images et le contenu de certains jeux vidéo ou dessins animés peuvent transformer nos enfants en vraies boules de stress. Parfois sur le moment, et parfois en différé. Or, si l'enfant est stressé, il va être plus agité, moins concentré, plus opposant et plus excité. Cela peut également affecter son sommeil et le rendre plus agressif. Il faut donc réellement faire attention au contenu et à la durée d'exposition aux écrans et comprendre qu'ils ne sont en rien une baguette magique, bien au contraire.

Je vois tant de parents consulter car l'enfant est agité et tape souvent ou a des difficultés de sommeil. Il est toujours extraordinaire pour moi de constater qu'en modifiant ce que l'enfant regarde et la durée d'exposition aux écrans, la situation change drastiquement en quelques semaines. L'enfant devient beaucoup plus calme, moins agressif ou dort beaucoup mieux. Ne négligez donc pas l'impact des écrans sur votre enfant. Même s'il vous dit qu'il n'a pas peur et qu'il adore tel dessin animé, film ou jeu vidéo, faites un test. Vous verrez une différence majeure !

Combien d'écrans ?

Avant 3 ans : pas d'écran.

À partir de 3 ans, on peut gentiment introduire les écrans par petites tranches de 5-10 minutes de temps en temps dans la semaine. On reste avec l'enfant et on l'accompagne dans la découverte des comptines et des dessins animés.

> L'interaction avec l'adulte et avec d'autres enfants ainsi que les activités manuelles, sensorielles et motrices sont les plus importantes pour le développement du jeune enfant. Les écrans peuvent être complémentaires à ces activités, mais ils ne remplacent aucunement ces sources de stimulation qui doivent rester prioritaires.

Trop de temps devant les écrans pourrait, d'après différentes études, nuire au développement du langage, aux capacités d'attention et de concentration, au comportement social de l'enfant, à sa réussite scolaire, à son sommeil ainsi qu'à sa santé (obésité, fatigue, mauvaises habitudes alimentaires).

Je vous propose, ci-dessous, quelques chiffres pour vous donner une idée du temps maximal que votre enfant devrait passer sur un écran. À noter que ces chiffres sont mes recommandations personnelles. Certains enfants sont plus sensibles que d'autres à l'exposition quotidienne aux écrans ; pour eux, il est parfois intéressant de réserver les moments d'écran au week-end. Observez votre enfant pour savoir ce qui lui convient le mieux.

De 3 à 5 ans : maximum 30 minutes d'écran par jour.

De 5 à 8 ans : maximum 60 minutes d'écran par jour.

De 8 à 12 ans : 1 à 2 h par jour.

Je recommande vivement de ne pas donner de smartphone à vos enfants avant l'âge de 12 ans.

Le temps d'écran étant le temps passé sur l'ensemble des écrans réunis : télévision, tablette et smartphone.

Pour plus d'informations sur les écrans, le contenu, les âges et les lieux, vous pouvez télécharger mon guide sur les écrans ici : www.alessandracordey.com/questionsdeparents

Les écrans, à quel moment ?

- Pas pendant les repas : les repas sont le moment d'interaction par excellence dans une famille. Éteignez donc les écrans et donnez l'exemple avec vos smartphones. De plus, l'écoute de la télévision durant les repas est liée à une plus grande prise de poids, car si on regarde quelque chose sur un écran en mangeant, on est moins à l'écoute de notre sentiment de satiété.

- Évitez la télé avant d'aller au lit pour les enfants qui peinent à s'endormir ou qui font des réveils nocturnes.

- Ne mettez pas la télé en bruit de fond et de façon continue dans la journée. Les petits sont comme hypnotisés par la télé et vont souvent la regarder alors que les programmes ne leur sont pas destinés. Ils peuvent y voir des images violentes et effrayantes. Il y a trop de matériel indigeste et inquiétant pour leur âge. Il suffit de voir comment on se sent nous-mêmes après avoir écouté les nouvelles. Il ne s'agit pas de cacher la réalité du monde aux enfants, mais de l'introduire petit à petit et de façon adaptée à leur âge.

- Pas au restaurant dans la mesure du possible : des feuilles et des crayons font souvent très bien l'affaire dès 4 ans. Si vous donnez un écran à votre enfant au restaurant, il va sans doute vous le demander presque chaque fois et vous partez dans un engrenage difficile. Si votre enfant est trop petit pour tenir en place, évitez les restaurants où il ne peut pas bouger du tout et favorisez les pique-niques et les lieux où il peut courir. Dès 4-5 ans, le restaurant peut être un moment très agréable en famille, du moment que vous êtes servi rapidement et que ce n'est pas un restaurant gastronomique.

Gardons en tête que pour bien se développer émotionnellement et physiquement, nos enfants ont besoin d'interactions avec nous, la nature et le monde ! Plus nous les mettons devant un écran, plus notre relation à eux s'appauvrit et moins ils nous écouteront. L'exposition à trop d'écran augmente également drastiquement leur taux de stress, ce qui conduit à plus de difficulté d'attention et de concentration ainsi qu'à une plus grande agitation, impulsivité et violence. Les écrans ne sont nullement une solution à notre fatigue ! Au contraire, cela crée des enfants plus difficiles, plus malheureux et cela appauvrit notre lien. Leur apprendre à jouer et à s'occuper autrement est extrêmement important pour leur autonomisation, la qualité de notre relation ainsi que pour leur bien-être physique et psychique. Ne l'oublions pas !

Que faire quand c'est le moment d'éteindre les écrans ?

Au préalable

Instaurez des règles et des routines claires afin que votre enfant sache à quoi s'en tenir. Si nos enfants n'ont aucune idée du moment d'écran dans la journée ou dans la semaine, ils vont continuellement nous demander : « Je peux regarder ton téléphone ? » car ils manquent de clarté et de repères. Mais c'est également la porte ouverte à de grandes frustrations. En effet, s'ils ne savent pas au moment d'éteindre la télé quand ils pourront la regarder la prochaine fois, ils vont réagir beaucoup plus fortement que s'ils peuvent anticiper et savent qu'ils pourront continuer à visionner leur dessin animé préféré le lendemain.

Il est, par conséquent, extrêmement important de mettre en place des règles précises autour des jours, du moment dans la journée et de la durée des écrans. « La semaine, la télévision c'est à midi et on regarde deux épisodes du dessin animé avant de manger, OK les enfants ? » Choisissez un moment dans la journée pour l'écran qui est utile pour vous (le moment de préparation du repas par exemple) et qui n'est pas néfaste pour vos enfants (juste avant le coucher car cela les agite et rend l'endormissement plus difficile).

Concernant la durée, donnez des indicateurs clairs (un épisode ou deux) et non abstraits (30 minutes de télé). « Tu peux regarder deux épisodes et après on éteint » plutôt que : « Tu as 20 minutes de dessin animé ». Pourquoi ? Tout d'abord parce que la notion de temps est beaucoup trop abstraite et floue pour l'enfant et il ne pourra donc pas anticiper quand la fin arrive et s'y préparer graduellement. Cela va le prendre par surprise et augmenter drastiquement l'intensité de sa frustration. Par contre, si nous parlons en termes d'épisodes, l'enfant sait quand il y a un début et une fin et peut donc beaucoup mieux s'y préparer. Deuxièmement, il est préférable d'arrêter l'écran lorsque l'épisode est arrivé à sa fin plutôt qu'en plein milieu. Nous pouvons facilement comprendre pourquoi. Nous-mêmes en tant qu'adultes n'aimerions pas que quelqu'un vienne d'un coup éteindre la télévision lors de notre série préférée. Nous aimons pouvoir anticiper quand nous allons l'arrêter et éviter de l'interrompre au moment le plus intéressant. C'est pareil pour nos enfants. Soyons donc clairs et précis sur les règles et les routines pour aider nos enfants à comprendre leur rapport aux écrans.

Que faire sur le moment ?

Soignez la forme ! La question des écrans nous stresse souvent et lorsque c'est le moment d'éteindre la télé, la console ou la tablette, nous avons tendance à arriver vers l'enfant rempli de tensions ! Nous prenons notre casquette de sergent-chef ainsi que notre voix autoritaire pour leur dire : « Allez, maintenant, ça suffit ! » Plus vous allez vous exprimer agressivement, plus votre enfant réagira fortement. Rappelez-vous que c'est un moment d'apprentissage de gestion de la frustration. L'enfant n'a nul besoin de votre stress en plus du sien. Plutôt que de crier, créez une connexion avec votre enfant pour lui donner des ressources face à la frustration qu'il ressent. Allez vers lui et faites-lui un câlin si cela aide. Rappelez-lui que c'est le moment d'éteindre s'il ne l'a pas encore fait. Votre présence va l'aider à se réguler mais aussi à sortir de l'état hypnotique et figé dans lequel nos enfants peuvent être face aux écrans. Si votre enfant n'a toujours pas éteint la télé de lui-même, prenez le relais. Nul besoin d'être dans un rapport de force. Faites-lui un bisou et dites-lui : « Allez, on éteint, c'est l'heure de manger et tu pourras regarder ton prochain épisode demain. » En procédant de la sorte, vous lui offrez votre présence pour l'aider à traverser sa frustration. Vous lui rappelez également quelle est la prochaine étape et il peut donc se projeter en pensant au fait de manger plutôt que de rester bloqué dans la frustration due à l'arrêt de l'écran. Il est fascinant d'ailleurs de voir à quel point il est plus facile d'interrompre la télé quand on enchaîne avec le repas qu'avec la douche, par exemple. Choisissez donc judicieusement vos moments d'écrans. Attention, il ne s'agit pas de nier l'émotion que votre enfant est en train de traverser en lui parlant du repas, par exemple, mais plutôt de valider ce qu'il vit puis de l'aider à passer à autre chose.

Si votre enfant est frustré, ne montez pas en symétrie et laissez-le juste évacuer sa frustration. Soyez calme et empathique pour l'aider à se réguler. Bien sûr, si son comportement devient violent ou inadéquat, redirigez-le. Rappelez-vous que si vous vous énervez continuellement dans ces moments, l'enfant associera la fin de l'écran à des conflits. Il va alors être dans une appréhension chaque fois qu'il faudra éteindre l'écran et sera plus nerveux, plus irritable, plus stressé et ne parviendra donc pas à gérer efficacement sa frustration.

Si vous souhaitez approfondir le sujet, n'hésitez pas à écouter le podcast suivant qui vous donnera plein d'idées sur la façon de procéder concrètement le moment venu pour éteindre les écrans :

Les ados et préados : « Je m'ennuie ! »

« Je m'ennuiiiiie » est une phrase bien connue des parents. Mais entre 9 et 12 ans, elle peut devenir plus fréquente et insistante. Pourquoi ? À ces âges-là, nos enfants entrent dans la préadolescence. Ils aimaient peut-être jouer aux Lego, aux Playmobil, aux Barbies ou aux voitures et, tout à coup, ces jeux deviennent moins attractifs. C'est le début du passage du monde de l'enfance au monde de l'adolescence. C'est bien évidemment une phase de grands changements et un moment de vie où les enfants, les jeunes ne savent pas toujours comment s'occuper, car ils ne savent plus ce qui leur plaît. C'est la porte ouverte aux écrans ! « Je m'ennuie donc je vais regarder TikTok, Insta, Snapchat ! Ainsi je m'occupe en voyant défiler des images. »

Mais la préadolescence et l'adolescence sont des âges clés dans la construction de l'individualité durant lesquels les jeunes se cherchent et se découvrent. Il est primordial de laisser de la place à cette exploration. Cela ne veut pas dire que nous devons les renvoyer dans leur chambre et leur dire : « Débrouille-toi. » Pas du tout ! Nous pouvons leur expliquer que c'est normal de s'ennuyer à leur âge car leurs goûts changent et que c'est une période où l'on cherche à mieux se connaître et découvrir ce qu'on aime. Nous pouvons également les aider à trouver des idées pour les accompagner sur ce chemin intérieur. C'est peut-être le moment de leur proposer d'augmenter la fréquence d'une activité qu'ils aiment (musique, sport, etc.). Bouger est primordial à cet âge où les hormones sont en plein chamboulement. Cela les aide à clarifier leurs idées et à se sentir bien dans leur corps.

Cette étape est un moment clé du développement de l'individualité. Il est essentiel pour leur bien-être psychique et physique de ne pas noyer ce processus sous un lot d'écrans et d'images face auxquels les jeunes ne se développent pas mais restent anesthésiés et apathiques sans apprendre à se découvrir.

Notre responsabilité

Les écrans peuvent avoir un impact sur le développement de nos enfants, leur sommeil, leur alimentation, leur santé, leurs comportements, leur capacité de concentration, leur ouverture vers le monde et leur découverte d'eux-mêmes. Il ne s'agit pas de diaboliser les écrans mais d'être conscient des conséquences possibles. Il nous paraît évident de ne pas nourrir uniquement de bonbons nos enfants car cela aurait des conséquences très néfastes sur leur santé. Pourtant, c'est ce que nous faisons parfois avec les écrans. Nous oublions que c'est toxique pour eux. Pourquoi ?

Parfois, nous sommes trop fatigués et les écrans nous permettent de nous reposer. Il arrive également que nos enfants insistent et que nous n'ayons pas toujours l'énergie de dire non. Mais nous l'oublions surtout parce que nous n'avons pas toujours conscience des conséquences néfastes de l'écran sur nos enfants ! Or, si nous comprenons mieux l'impact des écrans, nous saisissons l'importance de protéger nos enfants. L'idée n'est pas de les isoler et de les mettre dans une bulle en interdisant tout contact avec les écrans.

Mais il s'agit de prendre notre responsabilité de parent pour réfléchir à l'impact (à la fois positif et négatif) des écrans sur nos enfants, d'instaurer des règles pour les protéger, de leur fournir un modèle à travers notre comportement d'adulte (comment leur apprendre la modération si on est soi-même sans arrêt sur les écrans !) et surtout de les aider, par notre présence, notre écoute, notre dialogue et notre soutien, à construire petit à petit une relation saine avec les écrans.

Comment aider mon enfant à bien dormir ?

On pourrait écrire un livre entier sur le sommeil tant le sujet est vaste et complexe. Dans ce chapitre, nous allons synthétiser les points clés afin de vous donner des pistes concrètes pour vous aider à accompagner votre enfant dans son apprentissage du sommeil.

Sortir du mythe

Nombreux sont ceux qui pensent que les bébés devraient « faire leur nuit » aux alentours de 4 mois. Or, une des choses qui va le plus vous aider, c'est de sortir de ce mythe ! Chaque enfant a son rythme. Comme pour la lecture, le vélo ou l'écriture, les humains apprennent tous à des vitesses différentes. La réalité est que certains feront leurs nuits à 4 mois et d'autres à 3 ans. Pourquoi est-ce important d'en prendre conscience ? Parce que cela change nos attentes et notre état d'esprit. Si vous pensez que votre enfant devrait faire ses nuits à 4 mois, vous allez dès le jour de ses 4 mois espérer chaque nuit qu'il dorme enfin. En voyant que ce n'est pas le cas, votre degré de frustration va augmenter et vous allez devenir de plus en plus stressé. Je vous propose donc de sortir de cette idée et d'accepter le fait que nous ne pouvons pas savoir à quel âge nos enfants feront leurs nuits. Mais je vais vous aider à mettre toutes les chances de votre côté pour que votre enfant acquière les bases nécessaires à un bon sommeil.

Les bases d'un bon sommeil

Lorsqu'un enfant n'arrive pas à s'endormir ou se réveille la nuit, nous pensons toujours à ce que nous pourrions faire sur le moment pour l'aider. Mais le sommeil se prépare et se construit également en amont. En effet, l'enfant a besoin de certaines bases pour bien s'endormir et pour passer de bonnes nuits.

La connexion et le partage

Le sommeil est une séparation. Or, pour bien se séparer, l'enfant a d'abord besoin de moments de partage et de connexion de qualité avec nous. Ces derniers sont indispensables au quotidien.

La sécurité

Si vous deviez dormir au milieu d'une forêt peuplée de loups, vous ne fermeriez probablement pas l'œil de la nuit. Le sentiment d'insécurité nous met dans un mode d'hypervigilance. Nous sommes sur le qui-vive afin de surveiller ce qui se passe. Pour bien s'endormir, l'humain doit se sentir en sécurité. Cela va lui permettre de se détendre, de se relaxer et de se laisser partir dans le monde du sommeil.

Qu'est-ce qui peut mettre nos enfants dans un état d'hypervigilance et d'insécurité ? La peur. Elle peut être déclenchée par tout un tas de choses allant de conflits au sein de la famille à un dessin animé effrayant. Quand un enfant peine à s'endormir ou se réveille souvent la nuit, il faut donc se demander s'il se sent en sécurité. L'environnement familial est-il stressant ? A-t-il peur de ses résultats scolaires ? S'inquiète-t-il des tragédies vues aux actualités ? Regarde-t-il des films, des jeux vidéo ou des dessins animés qui lui font peur ? Vous n'avez pas idée du nombre de parents qui consultent pour des difficultés de sommeil et qui voient la situation changer drastiquement dès que l'enfant ne visionne plus certains contenus sur sa tablette ou à la télévision. N'oubliez pas que ce qui n'est pas effrayant pour vous l'est peut-être vraiment pour votre enfant. Et ce n'est pas parce qu'il dit « Même pas peur » qu'il n'est pas effrayé. Proposez-lui des contenus adéquats (voir le chapitre « Les écrans, je ne sais plus quoi faire ! », p. 248) et veillez à ce qu'il se sente en sécurité dans son environnement.

Le relâchement de la tension

Pour s'endormir, il faut avoir relâché son stress du quotidien. Si on est tendu comme un roc, difficile de partir dans les bras de Morphée. En tant qu'adultes, afin de décharger la tension de notre journée, nous allons lire un livre, discuter avec notre partenaire, regarder quelque chose à la télé ou faire de la méditation. Les enfants ont également besoin de vider leur lot de tensions pour bien entrer dans le sommeil. Il existe différents moyens pour les aider : l'activité physique la journée, le rire, le dialogue, les câlins, les moments de partage, les caresses, les massages ou la lecture d'une histoire. N'hésitez pas à employer ces méthodes pour créer un super cocktail relaxant. Avant de s'endormir, certains enfants aiment nous raconter leur journée. C'est une façon pour eux de décharger leurs tensions. Si votre enfant a tendance à faire cela, prévoyez de l'amener au lit 15 minutes avant l'heure prévue afin qu'il ait le temps de vous parler.

Une bonne hygiène de vie

- L'alimentation : trop de sucre, de caféine ou de théine est l'ennemi du sommeil ! Veillez à donner une alimentation saine et équilibrée à votre enfant pour favoriser un bon sommeil.
- L'activité physique : les enfants sont pleins d'énergie et ils ont besoin de la dépenser pour se sentir bien et prêts à dormir. Bouger et courir leur permettent également de relâcher les tensions et favorisent un bon sommeil.
- Pas trop de stress : si l'enfant vit dans un environnement trop stressant, il aura du mal à pouvoir laisser le marchand de sable l'emporter dans son sommeil. Si c'est le cas, réajustez le tir et veillez à ce qu'il puisse avoir des moments de détente.
- Pas d'écran le soir : il faut absolument éviter l'écran au moins une heure avant le coucher afin de favoriser un bon endormissement. Attention aussi à adapter les contenus à l'âge de l'enfant et de limiter la fréquence d'exposition aux écrans dans la journée.

Un environnement favorisant le sommeil

Difficile de dormir s'il fait trop chaud, s'il y a trop de bruit ou trop de lumière, n'est-ce pas ? Une température autour de 18 °C est idéale pour favoriser un bon sommeil. Observez également votre enfant pour voir ce qui lui convient le mieux : certains enfants s'endorment plus facilement avec un peu de lumière, d'autres pas du tout, certains aiment entendre la vie autour d'eux et d'autres ont besoin de silence pour s'endormir.

La régularité et la stabilité

Si l'enfant se couche parfois à 20 heures, parfois à 22 heures et parfois à 23 heures, son corps et sa tête n'y comprennent plus rien. « À quel moment est-ce que je peux me relâcher pour dormir ? Ça change tout le temps ! » Les enfants se sentent rassurés par la régularité et la stabilité de leur environnement, mais cela leur permet également de construire un rythme autour des heures de réveil et des heures de sommeil. Leur corps s'habitue peu à peu à se détendre à certaines heures et à être réveillé à d'autres. Un horaire de coucher et de réveil stable ainsi que des siestes régulières (en bas âge) vont réellement aider l'enfant et son corps à construire ce rythme et à bien dormir. Quand l'heure du sommeil approche, son corps le ressent et commence à se détendre.

Il est également important que nos enfants comprennent que l'heure de coucher n'est pas quelque chose qui peut varier en fonction de leur humeur ou de la nôtre. S'ils savent que nous décalons le moment du coucher quand ils font une crise ou que nous sommes fatigués, ils essaieront très souvent de rester un peu plus longtemps debout. N'oublions pas que nous mettons en place une heure de coucher et une règle à ce sujet non pas pour dominer et contrôler nos enfants mais pour leur apprendre à prendre soin d'eux. Un nombre suffisant d'heures de sommeil est essentiel à leur bien-être physique et émotionnel.

Le moment du coucher

Quand les coucher ?

Pour déterminer une heure de coucher, il faut observer les signes de fatigue de nos enfants. Souvent, nous repérons le moment où ils se mettent à bâiller et à se frotter les yeux mais n'oublions pas que l'excitation et l'agitation sont également des grands signes de fatigue. N'attendez pas qu'ils soient épuisés pour les mettre au lit. Si vous avez observé que vers 20 h 30 ils commencent à bâiller, couchez-les plutôt vers 20 h ou 20 h 15. Il sera beaucoup plus facile pour eux de se préparer pour aller au lit (brossage de dents, pyjama, etc.) et de s'endormir s'ils ne sont pas complètement épuisés.

> Les signes de fatigue : Je m'agite – Je suis irritable – Je suis surexcité – Je fais une crise – Je chouine – Je n'arrive plus à manger – Je bâille – J'ai moins d'énergie – Je dis que je suis fatigué – Je me frotte les yeux...

Cette liste n'est évidemment pas exhaustive. C'est en observant nos enfants que l'on peut comprendre quel est le moment opportun pour les coucher. Vous saurez que votre enfant a assez dormi si le matin il ne met pas 10 minutes à se réveiller et si, durant la journée, il régule relativement bien ses émotions. S'il fait des crises et/ou peine à se réveiller, c'est peut-être parce qu'il ne dort pas assez.

Les enfants entre 2 ans et demi et 3 ans qui font encore la sieste n'arrivent parfois pas à se coucher avant 21 h-21 h 30. En effet, ils sont dans une période de transition lors de laquelle ils ont de moins en moins besoin de dormir en journée et ont plus d'énergie le soir. Ne vous en faites pas, cette période dure généralement entre 3 et 6 mois. Dès qu'ils auront arrêté la sieste, ils se coucheront plus tôt.

Les rôles de la routine dans l'endormissement et le sommeil

Prépare au sommeil

La routine indique à l'enfant que c'est bientôt le moment de se coucher. Il comprend que lorsqu'on se brosse les dents, qu'on met son pyjama, qu'on lit une histoire ou qu'on chante une chanson, on est en train de se préparer pour dormir. Ce sont des marqueurs qui donnent l'information au corps et au cerveau de l'enfant qu'il peut se détendre et bientôt partir dans le monde des rêves.

Les routines créent des associations. Par exemple, si je bois tous les matins du thé en lisant mon journal, au bout d'un certain temps, je vais associer « journal » et « thé ». C'est-à-dire que dès que j'ouvre mon journal le matin, j'aurai envie de boire un thé. Pour le soir, c'est un peu ce que nous voulons mettre en place à travers les routines. Nous souhaitons que, petit à petit, nos enfants associent le brossage de dents, l'histoire ou la chanson à la fin de journée et à l'endormissement.

Permet de se détendre

Un des objectifs de la routine est aussi d'aider l'enfant à relâcher la tension de la journée. En lui lisant une histoire et en lui faisant des câlins, on l'aide à se détendre, se relaxer et donc à se préparer au sommeil. Si nous sommes complètement stressés lors de la routine, cela n'aura bien sûr pas l'effet escompté. Plus nos enfants sentent notre tension, plus ils vont eux-mêmes devenir tendus et agités. Je sais que nous sommes souvent épuisés le soir et que nous aimerions avoir un petit moment pour nous afin de nous reposer mais n'oublions pas que le fait de déverser notre stress sur nos enfants va être contre-productif. Essayons de prendre sur nous et de ne nous rappeler que nos enfants ont besoin de ce moment de calme pour bien s'endormir.

Une routine n'a pas besoin d'être longue. Elle doit donner des indicateurs à l'enfant que c'est bientôt l'heure de se coucher et en même temps l'aider à se détendre. Ce n'est pas la quantité qui compte mais la qualité du moment.

Rassure

La routine permet à l'enfant d'anticiper ce qui va se passer. Il sait qu'avant de s'endormir, il va se brosser les dents, mettre son pyjama et lire une histoire par exemple. La vie a son lot d'incertitudes et de chaos ; la régularité et la structuration agissent comme un antidote à ces stress. Un rythme régulier et des routines stables donnent à l'enfant un sentiment de contrôle qui est très rassurant.

Satisfait le besoin de connexion

La routine du soir, c'est aussi un moment ensemble qui permet de satisfaire le besoin de connexion de l'enfant. Dans une société où les parents travaillent beaucoup et où les enfants ont de longues journées en crèche ou à l'école, il n'est pas toujours facile d'avoir ce temps de partage et d'échange. La routine permet de remplir une partie de ce réservoir.

La check-list

Avant de débuter la chanson du soir ou l'histoire, vérifiez votre check-list. En effet, souvent nous disons bonne nuit à l'enfant et il nous rappelle 5 minutes plus tard en nous expliquant qu'il a soif ou besoin d'aller aux toilettes.

- Il a fait pipi.
- Il a un verre d'eau ou une gourde d'eau sur sa table de nuit.

- Il a son doudou ou sa tétine.
- Il a un paquet de mouchoirs à proximité…

Il ne veut pas s'endormir, que faire ?

Pour commencer, cessons de penser que l'enfant teste les limites lorsqu'il ne veut pas dormir. Plus nous comprendrons pourquoi il peine à s'endormir, plus nous pourrons y répondre de façon adéquate. S'il n'arrive pas à s'endormir parce qu'il est stressé et agité et que nous lui crions dessus ou que nous lui disons « Ça suffit, arrête de faire tes caprices », nous passons à côté de ce que l'enfant essaie de nous dire. Or, tant que nous ne résolvons pas le problème de fond, le comportement va juste se répéter jusqu'à ce que nous comprenions ou que tout le monde soit épuisé.

Alors, comment faire ? D'abord, comprendre ce qui se passe : *Qu'est-ce que mon enfant essaie de me dire avec ses moyens ?* Une fois que nous aurons compris le problème, nous pourrons y répondre de deux façons : sur le moment et en amont.

Rappelons-nous que c'est un enfant et qu'il ne s'exprime donc pas encore comme un adulte. Mille et une raisons peuvent expliquer ses difficultés d'endormissement, voici les plus fréquentes.

Besoin de connexion

Si vous identifiez que votre enfant n'arrive pas à s'endormir car son besoin de connexion est insatisfait, vous pouvez agir :

- En amont : en mettant en place une routine détente et en passant plus de moments avec lui en semaine et le week-end.

- Sur le moment : « Je comprends que tu aies besoin qu'on passe plus de temps ensemble. Viens, je te fais un gros câlin et je te raccompagne dans ta chambre. » S'il en a besoin, vous pouvez rester un peu avec lui. Nous passons parfois peu de temps avec nos enfants et être présents pendant l'endormissement peut les aider à satisfaire leur besoin de connexion, se détendre et s'endormir. Est-ce une mauvaise habitude ? Pas du tout : nous les aidons à gérer leur stress, satisfaire leur besoin et relâcher leur tension interne. Tant que nous le faisons pour répondre au besoin de notre enfant et non pas au nôtre, il n'y a pas de souci. Il est vrai, cependant, que si nous restons pendant l'endormissement, certains enfants vont nous réclamer s'ils se réveillent la nuit afin de se rendormir en notre présence. Si c'est le cas, nous verrons plus loin comment procéder.

Agitation motrice et trop-plein de stress

Si vous identifiez que votre enfant n'arrive pas à s'endormir car il est trop agité et tendu, vous pouvez agir :

- En amont : en veillant à ce qu'il fasse suffisamment de sport, en favorisant le dialogue, le rire et tout ce qui aide à la détente durant la journée. On évite les aliments trop excitants et trop d'écrans.

- Sur le moment : en s'assurant que la routine du soir soit bien relaxante et en régulant votre propre stress afin de pouvoir transmettre du calme et de la sérénité à votre enfant. Essayez de maintenir le cadre : ce n'est pas parce qu'il est agité qu'il a le droit de rester debout jusqu'à 23 h ! Vous entendez ses besoins, vous l'aidez à se détendre mais il reste dans son lit. Vous lui faites un petit massage d'une ou deux minutes et vous pouvez rester à côté de lui pour l'aider à se relaxer.

Les peurs

Si vous identifiez que votre enfant n'arrive pas à s'endormir car il a peur, vous pouvez agir :

- En amont : en faisant attention à ce qu'il regarde sur les écrans et à ce qu'il lit. A-t-il accès au journal télévisé ou à des informations indigestes pour son âge ? Veillez à lui donner un environnement sécurisant, structuré et aimant. Le rire, un rituel apaisant, des massages, des câlins et des moments de partage vont aider l'enfant à se relâcher dans son quotidien et le soir (voir aussi le chapitre « Comment accompagner mon enfant face à ses peurs ? », p. 234).
- Sur le moment : demandez à l'enfant ce qui lui ferait du bien ; un peu de lumière, un câlin ou les deux ? Vous l'aidez à se sentir suffisamment rassuré pour se laisser aller dans les bras de Morphée. Vous pouvez rester auprès de lui si cela le rassure. Ce ne sont souvent que des phases. Par contre, si ses peurs sont intenses et présentes également la journée, il est important de lui offrir de l'aide, un soutien psychologique par exemple, afin qu'il se sente mieux et en sécurité.

Le test des limites

Il peut arriver que l'enfant se relève de son lit car il teste effectivement les limites. Cela se produit lorsqu'il a appris, par le passé, que quand il demande de façon répétée à rester réveillé, ses parents finissent par céder. Il est primordial d'être fermes afin que l'enfant comprenne que c'est l'heure d'aller au lit et que nous n'allons pas changer d'avis tout en décodant si ce comportement cache d'autres choses.

Apprendre à s'endormir seul

Si les bases du sommeil et la routine du soir sont bien instaurées, l'endormissement devrait se faire naturellement. Cependant, il ne faut pas oublier que souvent les parents travaillent beaucoup et voient peu leurs enfants. Le coucher est donc souvent un moment lors duquel l'enfant veut remplir son réservoir de connexion qui n'a pas été assez rempli pendant la journée. Vous pouvez considérer le moment de l'endormissement comme une opportunité de partager un moment ensemble et remplir le besoin de votre enfant. On parle ici de 15-30 minutes.

En revanche, si vous trouvez que votre enfant prend trop de temps à s'endormir et/ou vous aimeriez qu'il apprenne petit à petit à s'endormir seul, voilà comment vous pouvez l'y aider.

Vous l'avez bien compris à présent, l'enfant a besoin :

- d'un temps suffisant de partage et de connexion avec vous ;
- de sentir que vous avez confiance en lui : « Je vois que c'est un peu difficile en ce moment de t'endormir tout seul mais je sais que tu vas y arriver petit à petit » ;
- que cet apprentissage se fasse de manière progressive : allez-y étape par étape. Si votre enfant a l'habitude que vous vous couchiez à côté de lui pour qu'il s'endorme, la prochaine étape sera de l'aider à s'endormir alors que vous êtes assis à côté de lui. Certains parents me diront dans ces cas-là que l'enfant se met à hurler et à pleurer. C'est OK. C'est juste de l'anxiété et l'enfant a peur de ne pas y arriver. Ne paniquez pas, soyez au contraire empathique et dites-lui que vous comprenez que cela lui fait bizarre. Rassurez-le en lui expliquant que vous êtes à son côté et que tout va bien se passer. Pour savoir quand passer à la prochaine étape, observez votre enfant et faites-vous

confiance. Par la suite, vous pourrez, par exemple, vous asseoir par terre et non sur le lit. Vous pourrez ensuite petit à petit lui dire que vous sortez juste deux minutes ranger le linge et que vous revenez juste après. Il s'habituera ainsi à passer quelques minutes sans vous. N'oubliez pas de revenir sinon votre enfant ne vous fera plus confiance. Oscillez entre un petit moment dans la chambre et un petit moment à l'extérieur et, progressivement, votre enfant arrivera à s'endormir sans vous !

Attention à la cohérence

Ce que je vois le plus souvent chez les parents dont les enfants ont des difficultés de sommeil, c'est de l'inconsistance. Un soir, ils se disent qu'ils vont rester auprès de l'enfant pour l'aider à s'endormir puis le prochain, ils décident de le laisser pleurer ou de lui crier dessus. On l'a vu dans « Les bases d'un bon sommeil » p. 258, la régularité et la stabilité sont des éléments clés. Elles le sont tout autant dans cet apprentissage. Si on essaie d'apprendre à nos enfants à lire ou à faire du vélo en leur donnant à chaque fois des explications différentes, l'enfant n'y comprendra rien. Dans tout apprentissage, il faut de la consistance et de la répétition. On ne change pas de méthode chaque jour.

> Discutez-en avec votre partenaire pour vous mettre d'accord sur la méthode à adopter et avoir tous les deux la même approche.

Les réveils nocturnes

Nos enfants peuvent se réveiller la nuit pour différentes raisons. Voyons ensemble quelles peuvent être les causes de leurs réveils nocturnes.

Retrouver les conditions de l'endormissement

Si l'enfant apprend à s'endormir en nous donnant la main, par exemple, il est possible que lorsqu'il se réveille la nuit, il recherche les mêmes conditions pour se rendormir : il va nous appeler pour que nous lui donnions la main. Pour ces enfants-là, il peut être utile de leur apprendre à s'endormir seul.

Trop de fatigue

Contrairement à ce que l'on pourrait penser, un enfant qui est très fatigué après une journée exceptionnellement remplie, ou un jeune enfant qui a sauté sa sieste, risquent de moins bien dormir. Pourquoi ? Cela est dû au trop-plein de fatigue. Nous avons tous observé ce phénomène. Parfois, nous sommes complètement épuisés mais c'est comme si notre corps ne parvenait pas à se relâcher et on passe une nuit agitée. Il en va de même pour les enfants.

Les peurs et les cauchemars

Les cauchemars sont liés aux peurs de nos enfants. Comment les aider ?

- En amont : comme pour toutes les peurs, montrez d'abord à l'enfant que vous le comprenez. L'empathie diminue l'intensité de son émotion. Ensuite, aidez-le à traverser sa peur par une exposition graduelle. Si l'enfant a, par exemple, très peur du loup, vous pouvez procéder comme suit. Pendant un premier temps, évitez de lui lire des histoires de loup. Ensuite, exposez-le progressivement à sa peur en y mêlant rire et détente, par exemple en lui lisant une histoire de loup rigolote. L'enfant constatera qu'il est capable d'être face à une image de loup sans avoir peur. Attention toutefois à y aller vraiment progressivement. Pour plus d'informations à ces sujets, voir le chapitre sur les peurs, p. 234. Les cauchemars peuvent aussi exprimer les tensions internes de l'enfant et refléter, par exemple, qu'il vit trop de stress à la maison ou à l'école. À vous d'investiguer ! N'oublions pas nos amis les écrans : un contenu inadapté peut créer de terribles cauchemars.

- Sur le moment : rassurez l'enfant, mettez-lui une petite lumière pour lui donner un sentiment de sécurité et restez auprès de lui si besoin pour l'aider à se rendormir. N'entrez pas dans un rapport de force, cela ne ferait qu'empirer la situation. Ce n'est pas à 5 heures du matin qu'on va résoudre les choses en disant à notre enfant de se rendormir seul.

Une heure de coucher inadaptée au rythme de l'enfant

Parfois, lorsqu'on couche notre enfant 30 minutes plus tôt ou plus tard, il ne se réveille pas la nuit ! Pourquoi ne pas essayer ?

Des changements de vie

Un déménagement, le début de crèche ou d'école, l'arrivée d'un petit frère ou d'une petite sœur, une séparation parentale peuvent avoir un impact conséquent (mais transitoire) sur son sommeil. Dans ces moments, il est bénéfique de donner à l'enfant l'espace de parler de ces changements et des émotions qui s'y rattachent. Écoutez et accueillez sans juger ce que votre enfant a à dire. Il a peut-être juste besoin de vider son sac. Montrez-lui votre empathie afin qu'il se sente moins seul face à ce qu'il vit. Dans tout changement, il est important de maintenir des repères clairs et des éléments de continuité. Si vous avez déménagé, par exemple, montrez à votre enfant qu'il a gardé son lit, ses jouets, ses dessins, etc. Ne changez pas l'heure du coucher, son rythme ou ses activités. Il veut retrouver une structure dans le chaos du changement. Cela va le rassurer.

Les grandes phases d'apprentissage

Lorsque nos enfants font de nouvelles acquisitions (marche, langage, propreté), ils peuvent rencontrer des difficultés de sommeil. Cela peut être dû à l'excitation de la nouveauté, la difficulté à lâcher, l'impatience de marcher le lendemain, etc. Ne soyez donc pas étonné si, tout à coup, votre petit bambin se réveille alors qu'il vient de se mettre à parler. Expliquez-lui tranquillement que vous comprenez qu'il soit si content de marcher ou de parler et qu'il pourra faire tout cela demain mais que, maintenant, c'est l'heure de dormir.

Des causes médicales

Bien évidemment, nos enfants peuvent également se réveiller en raison d'un inconfort ou d'une gêne physique (reflux, eczéma, dents, oxyures[5], etc.). N'hésitez pas à parler de ces réveils à votre pédiatre afin qu'il puisse écarter toute cause physiologique et vous aider si nécessaire.

Il n'est pas encore prêt

Tous les enfants n'apprennent pas à s'endormir et dormir toute la nuit au même rythme. Pour certains, cela va prendre plus de temps de par leur maturation cérébrale, des besoins différents et leur individualité. Continuez à les accompagner dans leur apprentissage du sommeil et n'hésitez pas à consulter si vous sentez que vous avez besoin d'un petit coup de main.

---

5. Les oxyures sont des parasites intestinaux qui peuvent causer des réveils nocturnes, des démangeaisons anales (et au niveau de la vulve chez la fille), une irritabilité et une nervosité chez l'enfant.

> Attention, de nombreuses causes de réveils nocturnes peuvent être identiques à celles évoquées dans la rubrique concernant les difficultés d'endormissement. Gardons donc en tête que les écrans (durée et contenu inadapté), trop de stress ainsi qu'un rythme irrégulier de sieste, d'heure de réveil et de coucher peuvent avoir un impact énorme sur la qualité des nuits de nos enfants.

Il vient dans votre lit chaque nuit

Au Japon, la plupart des enfants dorment dans le lit parental jusqu'à l'âge de 7 ans. Savoir que les choses ne se font pas de la même façon dans tous les pays apaise nos inquiétudes et nous permet de comprendre que ce n'est pas la fin du monde si nos enfants viennent dans notre chambre. Ils sont encore petits et il est normal que ce soit rassurant pour eux. Il n'y a pas de juste ou de faux. À vous de choisir quelle direction vous voulez prendre quant à leur sommeil. Rappelez-vous cependant que cela doit répondre aux besoins de l'enfant et non aux vôtres. Accepter que l'enfant vienne dans le lit car il a peur, a besoin de contact ou de sécurité, c'est une chose. L'accepter car vous vous sentez seul ou anxieux en est une autre.

Si vous souhaitez apprendre à votre enfant à dormir dans son lit, voilà comment vous pouvez procéder. Je propose souvent aux parents d'installer un matelas d'adulte en bas du lit de leur enfant. Lorsqu'il se réveille et vient dans votre lit, ramenez-le dans sa chambre et restez auprès de lui quelques instants pour l'aider à se rendormir si besoin. Si, dès que vous êtes de retour dans votre chambre, il se réveille de nouveau et revient vous chercher, endormez-vous sur le matelas que vous avez placé en bas de son lit. Il apprendra, petit à petit, à ne plus se lever de son lit pour venir dans le vôtre et à associer sa chambre et son lit à un lieu de sécurité. Comme tout apprentissage, il faut être systématique et appliquer la même méthode à chaque fois sans s'énerver. Il ne le fait pas exprès. Votre enfant apprendra rapidement à se rendormir dans son lit.

Je sais à quel point il peut être difficile de manquer de sommeil ! Couchez-vous tôt pour récupérer au maximum et demandez de l'aide à votre réseau afin de pouvoir bénéficier de journées pour souffler un peu et vous ressourcer. Je suis de tout cœur avec vous dans cet apprentissage qui peut être très fatigant mais qui, j'en suis sûre, aidera vos enfants à construire un bon sommeil.

Que souhaitons-nous apprendre à nos enfants ?

Lorsque nous parlons de sommeil, nous pensons souvent que nous voulons apprendre à nos enfants à bien savoir s'endormir et à dormir toute la nuit seuls dans leur lit. Certes, c'est un des objectifs mais ce n'est pas le seul ! Il s'agit aussi de leur apprendre à gérer leur stress, leurs émotions et leurs peurs pour se détendre et aller petit à petit vers le sommeil. À relâcher la tension, calmer l'agitation motrice et se relaxer. À associer le sommeil à quelque chose d'agréable et à se sentir en sécurité dans leur lit. Et à apprendre à écouter leur besoin de repos et à y répondre. Nous voyons donc que l'apprentissage du sommeil est bien plus vaste que juste le fait de dormir seul.

Combien d'adultes ne savent pas diminuer leur stress et se retournent des heures dans leur lit sans pouvoir s'endormir ? Combien d'adultes n'arrivent pas à calmer leur agitation interne et à se détendre ? Certes, lorsqu'ils étaient petits, ces mêmes adultes ont peut-être appris à se taire, à arrêter de pleurer puis à s'endormir seuls car personne ne venait les voir. Mais ont-ils réellement appris à construire un bon sommeil ? Ont-ils appris à gérer leur stress et à se sentir en sécurité la nuit ? Le fait de les laisser pleurer ne semble souvent pas leur avoir appris tout cela. Apprenons donc à nos enfants ces différentes compétences afin que le sommeil soit leur allié non seulement en tant qu'enfant mais également dans leur vie d'adulte.

Partie 5

L'épanouissement de nos enfants

Les bases de l'épanouissement de nos enfants

Chaque enfant vient au monde avec une lumière unique, une étincelle qui ne demande qu'à briller. C'est sa force, son potentiel, ce pour quoi il est fait. Pour que cette lumière s'épanouisse, deux éléments lui sont indispensables : la confiance en soi, et le sentiment d'être pleinement accepté et aimé, sans condition. Accepter nos enfants profondément, tels qu'ils sont, c'est leur dire chaque jour : « Tu as le droit d'exister pleinement, sans te métamorphoser pour plaire. » C'est revenir à l'essence même de l'éducation que nous avons si souvent oubliée : aider nos enfants à s'épanouir, développer leur individualité, les aider à rester connectés à leur lumière et porter leur unicité dans ce monde avec force et douceur. C'est dans cet espace d'amour inconditionnel qu'ils pourront s'enraciner, oser être eux-mêmes, et tracer un chemin fidèle à leur nature profonde.

Alors, comment accompagner nos enfants dans le développement de leur confiance et leur estime de soi et comment les aider à construire leur individualité et s'épanouir ? Les prochaines lignes sont une invitation à cultiver la lumière en chacun de nos enfants, pour qu'ils puissent avancer dans la vie le cœur ouvert, généreux, tolérant et l'âme alignée avec leur propre vérité.

Aider nos enfants à construire leur confiance en eux et leur estime de soi

De nombreux parents aimeraient que leurs enfants aient une bonne estime d'eux-mêmes et une belle confiance en eux. Mais qu'est-ce que ces mots veulent vraiment dire ? Et est-ce la même chose ?

Estime de soi ou confiance en soi ?

L'estime de soi correspond à la valeur que l'on s'attribue ou, en d'autres termes, à ce que l'on pense de soi-même. Attention, ce n'est pas se trouver formidable, sans aucun point négatif. C'est plutôt apprendre à s'aimer dans sa globalité avec ses compétences et ses limites, avec ses qualités et ses défauts. S'accepter tel que nous sommes sans chercher à être quelqu'un d'autre. Accepter nos peurs, nos doutes, notre courage, nos compétences et nos incompétences. Faire la paix avec qui nous sommes et ne pas chercher à tout prix à plaire ou à nous conformer à un moule. Apprendre à être tolérant et respectueux envers nous-mêmes.

> Avoir une bonne estime de soi, c'est s'aimer avec nos zones d'ombre et de lumière en comprenant que ce sont ces différentes parties qui font de nous l'être unique que nous sommes.

La confiance en soi est le fait de se sentir capable de faire quelque chose. Mais ce n'est pas se sentir capable de tout faire et de tout réussir ou de ne jamais avoir peur ! Une bonne confiance en soi, c'est le fait de pouvoir s'aimer suffisamment (donc avoir une bonne estime de soi) pour essayer de faire quelque chose et d'accepter l'erreur, l'échec ou la réussite. Souvent, lorsqu'on aimerait se sentir plus confiant, on se dit : « Tu vas y arriver, tu vas réussir ! » En fait, la phrase que l'on devrait se dire est plutôt : « Peu importe que tu réussisses ou que tu échoues. Là n'est pas l'important. » Ce qui compte, c'est de continuer à s'aimer, de croire en soi et de se sentir capable et compétent malgré la réussite ou l'échec. Plus nous avons une bonne estime de nous-mêmes, plus nous nous sentons capables de faire certaines choses. Les deux notions marchent souvent main dans la main.

Une construction progressive

Cet apprentissage demande du temps, de l'expérience et l'opportunité d'essayer différentes choses. On ne peut pas savoir de quoi on est capable à 5 ans ! Nous avons donc, nous parents, une énorme responsabilité. Celle d'accompagner de petits êtres vers l'amour d'eux-mêmes et des autres, vers la découverte de qui ils sont et de ce qu'ils aiment afin qu'ils se sentent capables et dignes de briller, d'échouer, d'essayer, de prendre des risques et de ne pas simplement vouloir rentrer dans un moule et correspondre à une certaine image de la perfection. Par nos mots, nos remarques ou nos attitudes, nous pouvons abîmer leur estime d'eux-mêmes ou, au contraire, les aider à se découvrir, s'accepter et s'aimer.

Il ne s'agit pas de nous mettre une pression folle ou de nous sentir sans arrêt coupables mais d'être conscients de l'importance de notre rôle parental. Pour ce faire, nous devons aussi prendre soin de nous-mêmes en tant qu'individus. Soigner nos blessures et apprendre à nous aimer nous-mêmes nous permettra de ne pas répéter certains traumas qu'on a vécus et d'accompagner nos enfants avec bienveillance et amour vers la découverte et l'acceptation d'eux-mêmes. Voyons ensemble quelques points clés qui aideront vos enfants sur le chemin de la construction de leur estime de soi et de leur confiance en eux.

Regarder nos enfants

Pour construire un sentiment de valeur, il faut se sentir exister dans le regard de l'autre. Nos enfants doivent sentir qu'on les écoute et qu'on les considère pour qui ils sont vraiment et pas pour qui on voudrait qu'ils soient. « Je t'écoute et je m'intéresse à toi, à qui tu es, à ce que tu aimes, à ce que tu penses et pas qu'à tes notes ou à tes comportements. » Cette écoute, ce regard et cette présence sont les fondations de l'estime de soi.

Offrir du respect

Le respect est lié à la valeur. On respecte les gens pour qui on a de l'estime. *A contrario*, lorsqu'on n'est pas respecté, on ne se sent pas aimé. Il est donc primordial d'offrir ce respect à nos enfants dans la façon dont nous nous adressons à eux, le respect de leur corps, de leur être, de leurs pensées, de leurs goûts, de leurs émotions, de leurs opinions.

Cela paraît évident, mais être réellement respectueux n'est pas toujours simple. Cela implique d'accepter la différence d'idées, de façon de faire et d'être. Adressons-nous à nos enfants, à leurs idées et à leurs émotions comme on aimerait qu'on s'adresse à nous. C'est en les respectant de la sorte qu'ils apprendront à se respecter à leur tour.

Prendre soin d'eux et les valoriser

Les câliner, les serrer dans nos bras, passer du temps avec eux et leur dire des mots agréables et valorisants leur procurent un sentiment de valeur. Nous leur donnons ainsi le message qu'ils existent, que ce sont de belles personnes et qu'ils comptent à nos yeux. Ces moments d'attention, de partage et d'amour sont des carburants naturels pour l'estime de soi de nos enfants.

Cependant, parfois, on passe bien plus de temps à souligner ce qu'ils ne font pas qu'à les encourager. Demandez-vous si votre enfant entend plus souvent des critiques ou des points positifs de votre part. Cet exercice n'est pas toujours simple car il faut mettre de côté notre ego et accepter que parfois nous ne parlons pas toujours bien à nos enfants. Saisissez cette opportunité pour grandir et vous remettre en question. Nos enfants ont réellement besoin d'entendre plus d'encouragements et de valorisation que de critiques. Encouragez-les dans leurs succès comme dans leurs défaites. Félicitez-les dès que vous le pouvez. Vous verrez à quel point cela va métamorphoser leurs comportements et leurs attitudes.

Poser des règles

Instaurer certaines règles, c'est aussi dire à nos enfants qu'on tient à eux et qu'on prend soin d'eux. Les laisser manger n'importe quoi, se coucher à pas d'heure et regarder sans cesse les écrans ne leur donnent pas le sentiment qu'on s'occupe d'eux et qu'ils ont de l'importance. Au contraire, ils peuvent avoir l'impression qu'on les délaisse et qu'ils n'ont pas de valeur. Mais gardez en tête que l'intention à la base des règles va être primordiale, à savoir ne pas être dans la domination ou le contrôle, mais prendre soin de nos enfants. Elle change drastiquement le message que l'enfant reçoit. C'est un message d'amour, de considération et d'attention et non un message de pouvoir.

Les accepter et les aimer dans leur globalité

Il est extrêmement fréquent de tomber dans le piège des attentes. N'est-il pas si facile de faire sentir à nos enfants, par moment, que nous aimerions qu'ils soient moins timides, plus calmes, plus forts académiquement, plus extravertis ou je ne sais quoi d'autre ? Pourtant, pour avoir une bonne estime de soi, ils doivent se sentir aimés pour qui ils sont. Ils doivent sentir que, quoi qu'ils fassent, nous sommes là pour eux. Cela ne veut pas dire accepter tous leurs comportements et ne pas mettre de limites. Pas du tout. Mais cela veut dire les aimer pour qui ils sont et pas pour qui nous aimerions qu'ils soient. Les aimer quoi qu'il arrive et pas uniquement quand ils valorisent notre ego ou rassurent nos peurs.

Nos enfants sont comme un puzzle, composés de pièces toutes différentes, certaines plus lumineuses et d'autres plus sombres. Mais elles sont indispensables les unes aux autres. C'est leur ensemble qui crée ce puzzle, ce paysage unique qu'est votre enfant. Leur donner le sentiment que nous ne les aimons que quand ils se comportent bien, qu'ils sont forts à l'école ou bons dans un sport, c'est n'aimer qu'une partie de nos enfants. Et c'est la porte ouverte à une faible estime de soi car les enfants ont l'impression qu'on n'aime qu'une partie d'eux. Or, pour apprendre à s'aimer dans leur globalité et réellement devenir eux-mêmes, nos enfants doivent apprendre à aimer toutes les pièces du puzzle qui les composent.

Faire la différence entre les enfants et leur comportement

Accepter l'enfant ne veut pas dire accepter tous ses comportements. Vous avez le droit d'être fâché lorsque votre enfant se comporte d'une certaine manière mais cela ne veut pas dire que vous ne l'aimez plus. Essayez de parler de son comportement plutôt que d'attaquer directement sa personnalité. Par exemple : « Je n'aime pas que tu cries comme cela, ça fait mal aux oreilles », plutôt que : « Tu es insupportable. Arrête tout de suite de crier. » Ou : « N'utilise pas de tels gros mots », plutôt que : « Tu es vulgaire ! » C'est le comportement que l'on souhaite changer, pas l'enfant.

Avoir conscience du modèle que nous leur donnons

Nous l'avons vu à différentes reprises, nos enfants apprennent en nous imitant. Si nous nous autocritiquons à longueur de journée ou si nous nous aimons uniquement lorsque nous réussissons quelque chose, alors nos enfants vont faire pareil. Observez-vous. Quelle image leur renvoyez-vous ?

Aider nos enfants à construire leur estime d'eux-mêmes, c'est également travailler sur notre propre amour de soi. Vous pourrez donc également vous inspirer des différents points évoqués dans ce chapitre pour commencer à bâtir votre estime de vous si celle-ci est, par moment, fragile.

Bannir les étiquettes

Ma pratique de psychothérapeute me rappelle quotidiennement à quel point les mots que les individus ont entendus régulièrement en tant qu'enfant peuvent rester gravés en eux. Combien de patients me disent : « je suis trop sensible, trop nul, trop ci, trop cela » ? Ils continuent à répéter ces phrases qu'ils ont entendues si souvent petits comme si ces mots étaient devenus une réalité. Faites donc très attention à ne pas enfermer vos enfants dans des étiquettes qui les empêchent de se voir tels qu'ils sont vraiment.

Mais rappelez-vous également que vos mots peuvent être tout aussi blessants que votre attitude. Montrer de façon répétée et intense, à travers votre langage non verbal, que vous n'en pouvez plus de votre enfant, que vous en avez marre de lui, est tout aussi dommageable. Utilisez tous les canaux de communication pour valoriser et soutenir votre enfant.

Éviter la comparaison dans la fratrie

« Regarde comme ta sœur est sage ! » « Regarde comme ton frère réussit bien à l'école ! » Ce type de phrase peut faire énormément de mal à nos enfants. Ils n'ont pas besoin d'être comme leur frère ou leur sœur pour être aimés. Plutôt que de penser en termes de comparaison, pensez en termes de différence. On est tous différents. Certains de nos enfants vont mieux écouter ou être meilleurs à l'école et d'autres plus forts en sport. Ce n'est pas une compétition. Ils ont chacun leurs forces et leurs faiblesses et doivent être acceptés tels qu'ils sont.

L'expérimentation et l'autonomisation

Nous l'avons dit, la confiance en soi, c'est se sentir capable. Mais comment développer son sentiment de compétence si on n'a pas l'opportunité de faire des choses soi-même et si notre parent fait tout à notre place ? L'enfant a besoin d'essayer progressivement seul, de réussir, d'échouer, de faire des expériences et de trouver des solutions. C'est ainsi qu'il construira son sentiment de compétence et sa confiance en soi. Il est indispensable que nous lâchions nos peurs ou nos envies de contrôle afin de laisser nos enfants devenir autonomes. Grandir, c'est sortir petit à petit de la dépendance envers les parents et découvrir qu'on peut faire seul. Bien évidemment, faites attention à ce que ces expériences soient adaptées à l'âge et aux compétences de l'enfant. Le but n'est pas de le mettre en échec de façon répétée mais, au contraire, de l'aider à se sentir capable et fier d'accomplir des choses par lui-même.

Pour qu'un enfant développe une estime de lui solide et une véritable confiance en ses capacités, il a besoin de se sentir aimé profondément, dans toute sa globalité – avec ses forces, ses fragilités, ses élans comme ses hésitations. Il doit savoir qu'il est digne d'amour, qu'il réussisse ou qu'il échoue. Pour bâtir sa confiance en soi, il ne suffit pas de l'encourager ou de le rassurer. L'enfant a besoin d'expérimenter, de faire par lui-même, d'oser essayer, se tromper, recommencer. Il a besoin de ressentir que nous croyons en lui, que nous lui faisons suffisamment confiance pour ne pas tout contrôler à sa place. Car vouloir tout diriger, tout corriger, tout prévoir à la place de nos enfants, c'est leur envoyer le message qu'ils ne sont pas capables.

L'enfant développe sa confiance en lui en traversant les petits défis du quotidien, en prenant des initiatives, en apprenant de ses erreurs, tout en sachant que nous sommes là, en soutien bienveillant et pour l'aiguiller si besoin. C'est dans cet équilibre subtil entre liberté et accompagnement qu'il peut grandir en sécurité, et devenir peu à peu ce qu'il est. Nourrir l'estime de soi chez l'enfant, c'est lui offrir un socle solide pour la vie. C'est lui donner les clés pour avancer dans le monde avec confiance, ancré dans la conscience de sa valeur, de ses ressources… et de son droit d'essayer.

Accepter nos enfants pour qui ils sont

Nous parlons souvent de l'amour inconditionnel comme étant indispensable à tout enfant. Mais au fond, c'est quoi aimer inconditionnellement ?

L'amour inconditionnel, c'est être là, toujours, quoi qu'il arrive. C'est montrer à nos enfants que le lien entre eux et nous est stable et sécurisant : « Quoi que tu fasses, qui que tu sois, je suis toujours là pour toi. » Cela implique donc que votre enfant n'a pas besoin d'être quelqu'un en particulier ou faire quelque chose pour être aimé. Il n'a pas besoin d'être bon à l'école ou sage pour recevoir votre amour. Ce dernier est là, sans condition. Cela ne veut pas dire que nous acceptons tous les comportements de nos enfants et que nous ne mettons aucune limite. Absolument pas. Mais simplement que notre amour est présent quels que soit leurs agissements ou leurs choix. Cela implique de faire la différence entre les enfants et leurs comportements. Nous n'aimons pas toujours ce qu'ils font mais nous les aimons toujours eux en tant que personne !

Nos enfants n'auront pas toujours les mêmes idées, les mêmes pensées, la même sensibilité ou les mêmes choix que nous. Car ce sont des êtres uniques. Être parent, ce n'est pas façonner nos enfants tels que nous aimerions qu'ils soient. C'est les aider à découvrir qui ils sont eux et les soutenir sur ce chemin quoi qu'il arrive. Nous ne cherchons pas à les faire correspondre à une image qui nous rassure ou nous valorise. Nous les accompagnons pour trouver leur voie sans chercher à leur imposer la nôtre.

Pourquoi l'amour inconditionnel est-il si important ?

Tout d'abord parce qu'il offre un sentiment de sécurité : « Je suis là pour toi quoi qu'il arrive. » Cette stabilité dans la relation va apaiser nos enfants, leur donner confiance et leur permettre de découvrir le monde et eux-mêmes dans un climat serein. Un enfant qui ne se sent pas en sécurité va être plus stressé. Or, plus un enfant est stressé, plus il va s'agiter et rentrer dans le mode combat-fuite-inhibition. Il va chercher à être rassuré et demander beaucoup d'attention pour être sans arrêt en lien avec le parent. Prenons l'analogie du couple. Si votre relation amoureuse est instable et que vous ne savez pas si votre partenaire vous aime ou veut être avec vous, toute votre attention sera prise par cela. Vous serez stressé, anxieux et vous chercherez à être rassuré. Alors que si vous savez que c'est un lien stable, vous pourrez vous sentir apaisé et vous concentrer également sur d'autres choses. La sécurité du lien est donc un des éléments les plus importants de la relation parent-enfant. Plus nos enfants se sentiront en sécurité, plus ils seront calmes et pourront explorer le monde, leur vie intérieure et s'épanouir. Ils ont besoin de sentir ce terrain solide et sécurisant sous leurs pieds afin de partir pleinement à la découverte du monde, des autres et d'eux-mêmes.

Mais l'amour inconditionnel est aussi primordial pour aider l'enfant à rester lui-même. Nous sommes si nombreux à avoir passé notre vie à chercher à correspondre à ce que les autres attendaient de nous sans réellement savoir qui nous étions vraiment et ce que nous souhaitions réellement de nos vies. Nous voulions justement correspondre à certaines attentes afin de recevoir l'amour de nos parents ou des adultes nous entourant. Et quel est le danger de cela ? Le danger est de ne plus savoir qui on est, ce dont on a besoin, ce qui nous fait vibrer. Nous vivons une vie construite en fonction des autres plutôt qu'en alignement avec nous-mêmes. Et forcément, nous ressentons alors que notre vie manque de sens car elle n'est pas bâtie en résonance avec notre âme et notre essence. Elle est façonnée pour être appréciée et correspondre aux attentes des autres. Combien d'adultes ai-je rencontrés qui consultent pour une fatigue, un manque d'énergie, de l'anxiété, une dépression ou une perte de motivation et dont le problème est en fait, en grande partie, de n'avoir pas été acceptés dans leur globalité ?! Ils sont devenus cette personne qui ne se connaît pas, qui ne s'écoute pas et qui est si éloignée de qui elle était enfant. Cela l'amène souvent à faire un travail qui ne lui correspond pas forcément, être dans des relations qui ne sont pas en adéquation avec son individualité et vivre une vie qui n'est pas alignée avec qui elle est. Cette déconnexion à soi-même va créer souffrance et symptômes. Quand nous ne sommes plus alignés et que nous ne nous écoutons plus, notre corps essaie de se rappeler à nous en émettant différents signaux d'alarme. Il se manifeste et s'exprime à travers des maux somatiques et des symptômes psychiques pour nous aider à nous reconnecter à nous-mêmes.

Aidons donc nos enfants à rester eux-mêmes et à construire une vie qui leur correspond. Offrons-leur la possibilité de déployer leurs ailes librement et de s'épanouir en restant fidèles à leur authenticité et à leur unicité. Il n'y a pas de messages plus sécurisant, plus libérateur et plus épanouissant que celui d'être aimé dans sa globalité : « Quoi que tu fasses, qui que tu sois, je suis là et je t'aime ! »

Mais en pratique, est-ce si facile d'aimer nos enfants de façon inconditionnelle ? Dans notre quotidien, leur transmettons-nous, à travers nos mots, nos gestes et nos attitudes, que nous les acceptons pour qui ils sont vraiment, avec toutes leurs différentes facettes ? Valorisons-nous leurs goûts et leurs pensées quand elles diffèrent des nôtres ? Sommes-nous assez ouverts d'esprit pour accueillir des êtres tout à fait uniques et singuliers dans nos vies sans chercher à les faire correspondre à qui nous sommes ou à qui nous voulons qu'ils soient ? Sans même nous en rendre compte, nous souhaitons parfois que la personnalité ou le physique de nos enfants répondent à certaines attentes, en lien avec notre histoire, notre ego ou la société. Cela arrive si souvent et si subtilement. Mais pourquoi avons-nous des attentes ? Et pouvons-nous réellement demander à nos enfants de correspondre à certaines exigences pour recevoir notre amour ?

Pourquoi avons-nous des attentes ?

Nous voulons qu'ils nous rendent fiers

Nos attentes viennent parfois de notre ego. Nous aimerions que nos enfants nous rendent fiers et nous valorisent. Mais nos enfants ne sont pas des faire-valoir. Ce n'est pas leur rôle. Ils ne sont pas là pour devenir qui nous aimerions qu'ils soient, soigner nos blessures, vivre la vie que nous aurions aimé vivre ou correspondre à notre idéal d'être humain. Ils ne sont pas là pour nous. Ils ne sont pas nos objets. Ils sont là pour découvrir qui ils sont, délivrer au monde leur unicité, trouver leur chemin et vivre leur vie. C'est ainsi qu'ils se sentiront épanouis et trouveront ce pour quoi ils sont faits. Personne ne se sent heureux lorsqu'il répond aux attentes de l'autre et ne s'écoute pas lui-même. Si nous attendons de nos enfants qu'ils satisfassent notre ego, il est important d'en prendre conscience, de comprendre pourquoi et d'essayer de trouver un moyen de les libérer de cela.

Nous voulons les protéger

Souvent, à travers nos attentes, nous souhaitons protéger nos enfants pour leur éviter souffrance, rejet et échec. Nous aimerions qu'ils soient bons à l'école afin d'avoir toutes les chances de « réussir » dans leur vie. Qu'ils soient extravertis ou pas trop sensibles parce que nous avons nous-mêmes souffert de notre timidité ou de notre sensibilité. Mais protégeons-nous réellement nos enfants en faisant peser ces attentes sur leurs épaules ?

Les protégeons-nous vraiment en leur demandant d'être moins timides, moins sensibles ou plus forts académiquement ? Je ne pense pas que nous les protégions en ne les acceptant pas pour qui ils sont. Ce n'est pas en déconnectant nos enfants de cette sensibilité ou en essayant d'en faire des extravertis que nous les aiderons. Mais c'est plutôt en les amenant à accepter et assumer qui ils sont et à voir la force et la beauté dans leur unicité. Parce que ce qui est le plus difficile, ce n'est pas d'être timide ou sensible mais de ne pas l'accepter. C'est quand nous avons envie de rejeter cette partie de nous et d'être quelqu'un d'autre que celle-ci nous revient en pleine figure et devient un obstacle plutôt qu'une force.

Il en va de même pour les difficultés scolaires. Ce n'est pas en criant sur votre enfant ou en lui mettant une tonne de pression que vous allez le protéger. Ce n'est pas en lui faisant sentir qu'il doit devenir bon académiquement pour vous soulager que vous l'aiderez. Mais c'est en lui permettant de comprendre que l'école n'est pas l'unique reflet de l'intelligence et en l'amenant à découvrir tous les autres domaines dans lesquels il est compétent qu'il pourra voir ce dont il est capable et trouver son chemin. C'est en lui offrant votre soutien face à ses difficultés scolaires, en l'encourageant, en l'aidant et en diminuant vos attentes qu'il pourra se sentir accepter pour qui il est.

> Ce qui rend nos différences difficiles à gérer, ce n'est pas la différence en tant que telle mais sa non-acceptation.

Si nous voulons réellement protéger nos enfants, il faut leur offrir cet amour inconditionnel : « Qui que tu sois, je suis là pour toi et je te soutiendrais toujours. » Cet amour les sécurisera et leur donnera la force d'assumer leurs forces et leurs faiblesses et de porter leur individualité et leur unicité dans ce monde.

Nous voulons qu'ils correspondent à une norme

Les normes et la pression sociale rendent souvent cette acceptation et cet amour inconditionnel difficiles. Nous avons tout un tas d'idées de ce qui est mieux ou moins bien – mieux vaut être extraverti qu'introverti, fort à l'école que nul en maths, etc. Ces idées préconçues nous poussent à vouloir que nos enfants rentrent dans la catégorie de ce qui est « bien vu ». Mais pourquoi serait-il mieux d'être extraverti qu'introverti ou courageux que prudent ?

> Pourquoi acceptons-nous des clichés qui nous font voir le monde en termes de comparaison et de compétition plutôt qu'en termes de diversité ?

Nous sommes tous différents et c'est très bien comme ça ! C'est cette diversité qui est enrichissante. Si nous pouvions sortir de l'idée qu'il y a un mieux et un moins bien et que pour être une bonne personne il faut être bon académiquement, sportif et sociable, nous serions beaucoup plus libres de découvrir notre vraie personnalité et de nous sentir épanouis. Donnons donc cette liberté à nos enfants en les aidant à trouver qui ils sont vraiment. Plutôt que de les amener à rentrer dans une moule qui ne leur correspond pas, aidons-les à être au plus près de leur individualité et de leur personnalité. Aidons-les à être dans le respect de leur identité profonde, de leur unicité et de leurs différences car c'est ainsi qu'ils pourront s'épanouir, découvrir leur force et ce qui les fait vibrer.

Comment identifier et comprendre nos attentes

Je vous propose de réaliser un petit exercice afin de mieux identifier vos attentes. Vous pouvez fermer les yeux, inspirer profondément et imaginer votre enfant. Pensez à cette merveilleuse petite personne et posez-vous les questions suivantes : « Est-ce que je connais vraiment cet être humain ? Est-ce que je l'accepte vraiment pour qui il est ? Est-ce que je lui fais ressentir cela ? Est-ce que je lui permets réellement d'être lui-même ? Est-ce qu'il y a des parties que je rejette, dont j'ai peur ou qui me déçoivent ? »

Demandez-vous ensuite d'où viennent ces attentes. Est-ce votre éducation, vos traumatismes, votre histoire, la pression sociale, votre ego ? Avez-vous envie de lui épargner les blessures que vous avez connues enfant ? Répétez-vous simplement le schéma d'éducation que vous avez reçu de la part de vos parents ? Aimeriez-vous juste que votre enfant ait toutes les chances de son côté pour s'insérer et s'adapter au mieux socialement et professionnellement ?

Rappelez-vous que la plus grande des protections que vous puissiez lui fournir, c'est d'aider votre enfant à être lui-même. Imaginez que vous le serrez dans vos bras et que vous lui transmettez cet amour inconditionnel et cette acceptation que vous n'avez peut-être pas reçus. Inspirez profondément et laissez ce sentiment grandir en vous et se répandre autour de vous.

« Mais il faut bien qu'on les pousse un peu ! »

Beaucoup de parents sont persuadés que s'ils n'ont pas d'attentes envers leur enfant, celui-ci risque de ne rien faire ou de faire n'importe quoi. Il est important de comprendre deux choses. Premièrement, le plus grand moteur, pour n'importe quel être humain, c'est l'amour, pas la pression. Ce sentiment de valeur qu'on leur transmet va leur donner envie de prendre soin d'eux et de leur vie. C'est le fait de bien se connaître et de se sentir libre qui va leur permettre de trouver leur chemin. Je ne connais pas un enfant aimé et accepté dans sa globalité qui n'ait pas envie de bien faire les choses qui lui tiennent à cœur et de ne pas prendre soin de son existence. Ce n'est pas les « tu n'es pas assez bon, tu dois faire mieux » qui les font briller intérieurement et s'épanouir. C'est l'amour, le soutien et le respect qui leur donnent envie, à leur tour, de prendre soin de leur vie.

Deuxièmement, accepter nos enfants dans leur globalité ne veut pas dire que nous les laissons faire n'importe quoi. Nous les guidons et nous les accompagnons pour les aider à réaliser et découvrir leur potentiel. Nous les aidons à mettre toutes les chances de leur côté pour réussir leur scolarité, s'intégrer socialement, construire leur estime de soi et leur confiance. Pour cela, il faut bien évidemment avoir certaines règles et limites qui leur apprennent à s'autonomiser, prendre soin d'eux, se respecter, respecter les autres. Mais la nuance, c'est que nous les aidons à trouver leur voie sans leur imposer la nôtre. Nous leur donnons un cadre rassurant pour les aider à potentialiser qui ils sont et non pas qui nous voudrions qu'ils soient. Nous les acceptons pour qui ils sont sans chercher à les transformer. Nous apporterons notre soutien à l'enfant qui a des difficultés scolaires pour l'aider dans ses apprentissages mais sans lui faire sentir que nous aimerions qu'il soit quelqu'un d'autre. Nous les aidons à travailler pour se respecter eux-mêmes mais pas pour recevoir notre amour.

Mettre des limites, c'est leur offrir un cadre sécurisant qui les aide à se construire, à se respecter eux-mêmes et à développer leur plein potentiel. Mais cette démarche n'a pas pour but de leur faire « gagner » notre amour : ils n'ont rien à prouver pour être aimés. Notre rôle, c'est de les guider pour qu'ils deviennent qui ils sont vraiment, qu'ils se connectent à leur force, leur lumière, pour eux, pas pour nous, ni pour répondre à nos attentes ou à un besoin de valorisation parentale. C'est cette distinction qui rend l'accompagnement véritablement respectueux et profondément éducatif.

Notre mission parentale

Je pense qu'une des missions parentales les plus importantes, mais aussi les plus complexes, est d'accompagner nos enfants à découvrir qui ils sont vraiment. Parce que c'est dans leur individualité, dans leur unicité que réside leur force. C'est en les soutenant dans ce processus qu'ils se sentiront libres d'être eux-mêmes, qu'ils auront la force de porter leur authenticité dans ce monde et qu'ils pourront construire une vie en alignement avec leur individualité profonde.

Notre système éducatif

Ce merveilleux dessin nous montre que nous avons chacun des compétences uniques mais que nous pouvons seulement les découvrir si on nous permet d'être nous-mêmes. Comme le dit si joliment Albert Einstein : « Tout le monde est un génie. Mais si vous jugez un poisson par sa capacité à grimper aux arbres, il passera sa vie entière persuadé qu'il est totalement stupide. » Or, nous faisons parfois la même chose avec nos propres enfants lorsque nous leur demandons d'être quelqu'un qu'ils ne sont pas et de correspondre à des attentes construites par notre ego ou nos peurs. Alors, petit à petit, l'enfant se déconnecte de qui il est, de ses forces, de sa lumière afin de satisfaire les attentes de son entourage. Mais peut-on vraiment développer notre plein potentiel, peut-on vraiment être heureux, quand nous ne sommes pas alignés avec nous-mêmes ?

La réponse est non ! Une grande partie du bonheur se trouve dans cette connexion à notre authenticité, dans cet alignement avec nous-mêmes. Comme le dit si bien Albert Camus : « Qu'est-ce que le bonheur sinon le simple accord entre un être et l'existence qu'il mène.[6] »

Aujourd'hui, je suis maman. Maman de deux merveilleuses filles. Et les voir grandir, les découvrir, les rencontrer jour après jour me rappelle l'importance de respecter ces petits êtres qui nous sont confiés par l'univers. Qui sont-ils ? Comment les aider à s'aimer, à se respecter, respecter les autres et remplir ce monde d'amour plutôt que de haine ?

L'amour inconditionnel fait partie de la réponse à cette question. Parce que, nous l'avons vu, aimer nos enfants dans leur globalité et sans jugement, c'est les aider à s'accepter et à s'aimer dans toutes les nuances de leur être. C'est leur permettre de rester fidèles à eux-mêmes, de construire une vie en alignement avec leur individualité, d'avoir la force de porter leur unicité dans ce monde et de briller de leur lumière.

Quand j'entends des patients adultes me dire qu'ils sont « trop » – trop sensibles, trop gros, trop fragiles, trop intelligents, trop bêtes, trop masculins, trop féminins, trop visibles, trop invisibles… Cela me rappelle à quel point nous sommes nombreux

6. Albert Camus, *Noces*, Gallimard, 1950.

à ne pas nous être sentis suffisants. Et je ressens, derrière ces mots, une douleur bien plus profonde. Celle d'un enfant intérieur qui, autrefois, n'a pas été vu, pas été reconnu, pas été aimé dans sa vérité. Un enfant qui a entendu à travers des mots ou des actes : « Tu n'es pas suffisant pour être aimé tel que tu es. » Et ces phrases, même des années plus tard, résonnent en nous et laissent des empreintes. Elles forgent des croyances, des doutes, une lutte intérieure permanente. Et cela me rappelle, avec force et tendresse, à quel point l'amour inconditionnel peut transformer une vie. Parce qu'être aimés dans son entièreté, sans condition, permet à nos enfants d'être en paix avec eux-mêmes, de se respecter profondément, de se sentir suffisants.

Mais recevoir ce type d'amour ouvre aussi nos enfants aux notions de respect et de tolérance les aidant à se connecter aux autres, à la vie et à émaner ces valeurs et cet amour autour d'eux. S'aimer soi-même avec tolérance et bienveillance, c'est aussi diffuser cette énergie autour de nous. Quand on aime un enfant dans sa globalité – avec ses forces, ses failles, ses émotions, ses contradictions –, on sème en lui une douceur profonde. Cet amour sans condition apaise les luttes internes, il éteint les feux de la honte, de la peur ou du rejet. Un enfant qui se sent accueilli tel qu'il est n'a pas besoin de se battre contre lui-même : il peut se construire dans la paix, dans l'estime, dans la confiance. Et c'est ainsi qu'il apprend, à son tour, à faire circuler autour de lui cette énergie d'amour, de tolérance et d'humanité.

J'aimerais conclure ce chapitre en partageant avec vous quelques lignes que j'ai écrites pour mes filles. Elles reflètent ce que je ressens profondément concernant l'amour inconditionnel et son importance dans la relation à nos enfants mais aussi dans la résonance que cela peut avoir autour d'eux et dans ce monde :

Regarde autour de toi, explore, découvre, et sens-toi libre d'être qui tu as envie d'être. Nous te soutiendrons toujours dans cette quête pour que tu puisses peindre le tableau de vie qui est le tien, pour que tu puisses être toi-même, te sentir vivante et vibrer, découvrir ta propre lumière et ressentir l'amour de la vie au plus profond de ton être et le répandre autour de toi…

Conclusion

Chers parents,

Je suis infiniment touchée par le temps que vous avez pris à parcourir ce livre. N'oubliez pas que l'objectif de ces quelques pages est de vous soutenir, de vous donner des outils, des éléments de compréhension et de vous aider à vous respecter et à prendre soin de vous et de vos enfants.

Ce livre n'est jamais là pour vous culpabiliser ou vous faire sentir comme n'étant pas à la hauteur. Offrez-vous la bienveillance et l'amour que vous méritez tant pour vivre et pour accompagner vos enfants sur leur chemin de vie. Je vous souhaite la plus belle des aventures…

Bibliographie

Adele Faber et Elaine Mazlish, *Parler pour que les enfants écoutent, écouter pour que les enfants parlent*, éditions du Phare, 2012

Adele Faber et Elaine Mazlish, *Frères et sœurs sans rivalité*, éditions du Phare, 2023

Isabelle Filliozat, *Au cœur des émotions de l'enfant*, Marabout, 2019

Isabelle Filliozat, *J'ai tout essayé*, Marabout, 2019

Dr Haim G. Ginott, *Entre parent et enfant*, L'atelier des parents, 2013

Daniel Goleman, *L'intelligence émotionnelle*, J'ai lu, 2014

Dr. Thomas Gordon, *Parent Effectiveness Training: The proven program for raising responsible children*, Harmony, 2019

John Gottman, *Raising an emotionally intelligent child, the heart of parenting*, Simon & Schuster, 1998

Dr Catherine Gueguen, *Pour une enfance heureuse*, Pocket, 2015

Dr Catherine Gueguen, *Vivre heureux avec son enfant*, Robert Laffont, 2015

Dr. Laura Markham, *Peaceful Parent, Happy Kids : How to Stop Yelling and Start Connecting*, TarcherPerigee, 2012

Jane Nelsen, *La discipline positive*, Marabout, 2014

Dr Daniel J. Siegel et Tina Payne Bryson, *Le cerveau de votre enfant*, Marabout, 2020

Dr. Shefali Tsabary, *The Conscious Parent*, Namaste Publishing, 2010

Remerciements

Chloe et Eloise, aucun mot ne pourrait décrire la joie infinie que j'éprouve d'être votre maman. J'ai tant de gratitude de pouvoir marcher à vos côtés sur le chemin de vos vies. Merci pour votre amour, vos sourires, vos rires, vos larmes, votre confiance, votre humour, vos questions, votre sincérité et votre lumière ! Je vous aime si fort !

Samuel, c'est avec beaucoup d'émotion que j'écris ces quelques lignes et tu sais pourquoi. Je suis fière de nous et si reconnaissante de ce lien. Merci pour ton soutien à chacune de ces étapes. J'ai tant de chance de t'avoir dans ma vie et nos filles d'avoir l'incroyable papa que tu es.

Marc : la vie m'a fait un merveilleux cadeau le jour où elle a placé ton chemin sur le mien. Tu m'as aidée à croire en mes rêves, même les plus fous. Tu as créé de la magie dans ma vie. Ce livre porte en lui ton regard aimant et bienveillant. Sans toi, il n'aurait pas eu la même couleur. Merci du fond du cœur pour tout ce que tu sais déjà… je t'aime fort.

Mum & Dad : merci de m'avoir apporté votre amour inconditionnel depuis le berceau et de m'avoir toujours permis de rêver. Vous m'avez appris à voir la beauté et la joie dans les petites choses de la vie. Quel merveilleux cadeau ! Je vous aime si fort.

Stef : il y a un sentiment incroyable dans la vie, c'est de savoir que, quoi qu'il arrive, quoi que l'on fasse, certaines personnes seront toujours là pour nous. Merci, frérot. Les mots ne suffiront pas à décrire la gratitude et l'amour que j'ai. Laura : merci pour ton amour, ton enthousiasme et tes encouragements formidables. J'ai tant de gratitude de vous avoir dans ma vie : je vous aime fort.

Constance et Joël : sans vous, ce livre ne serait pas là. Je n'ai pas de mots pour exprimer mon infinie gratitude ! Mais aussi et surtout, merci pour votre présence, votre soutien, les rires, les discussions et tous ces merveilleux moments qui resteront à jamais gravés en moi. Votre amitié est un cadeau rare, et j'ai tant de chance de vous avoir dans ma vie. *Love you.*

Laurence : ma sœur, mon amie de toujours, tu es là à chacun de mes pas. Ton amitié est un bonheur immense. Tu as rempli ma vie de joie, de moments inoubliables, de force, de courage et d'aventures. Tu me montres à chacune de tes décisions que tout est toujours possible dans la vie. Tu es une vraie inspiration. *As I always say : you elevate me and make me a better person! I love you.*

Nath : j'ai tant d'émotions à écrire ces quelques lignes car notre amitié représente tant à mes yeux comme tu le sais. La vie nous a mis sur le chemin l'une de l'autre avec amour et bienveillance… je ne sais pas comment j'aurais fait sans toi. Ta présence, ton soutien, ta joie, ton amour et nos rires ont rendu ma vie merveilleusement douce et sereine ! Je t'aime du fond du cœur.

Math : je n'ai jamais cru que la vie me donnerait un deuxième frère. Et pourtant… Merci du fond du cœur d'être l'ami formidable que tu es, d'avoir été là, de m'avoir vue vraiment. Je t'adore, tu le sais. Tellement de souvenirs, de discussions et de rires inoubliables ! J'ai tant de chance de t'avoir dans ma vie.

Isaline : je rigole rien qu'en écrivant ces quelques lignes car penser à toi me fait forcément sourire. Tu as le don d'amener la joie là où tu passes. Merci ! Ta sagesse, ton soutien et ta présence sont un magnifique rayon de soleil dans ma vie.

Mes sœurs et frères de cœur : Cyrielle, Claudia, Iracema, Aurélie, Romain, Rodrigo, Barbara. Votre amitié est un des présents les plus précieux que la vie m'ait offert. Merci du fond du cœur pour les rires, les joies, les pleurs, les discussions, le soutien infini et merveilleux ainsi que votre présence tout au long de ces années d'amitiés et de ce projet ! Je vous aime !

À ma famille, mes amis et mes collègues : un énorme merci pour vos encouragements et votre soutien qui m'ont si souvent donné du courage et réchauffé le cœur. John, Cécile, Barbara, Aurélie, Alex, Thierry, Christèle, Nicolas, Jocelyne, Laurine, Yves, Matthieu, Bibiane, Mihaela, Sandy, Stevie, Marina, Cyro, Gabi, Lella et toutes les merveilleuses personnes qui se reconnaîtront et que j'ai l'énorme chance d'avoir dans ma vie.

Marie-Anne et Rose-Marie, merci d'avoir soutenu dès le début cette aventure avec enthousiasme !

Anne, comment te remercier ? Ton implication, ton temps et ta générosité ont fait de cette collaboration une rencontre et un moment mémorable à mes yeux !

Marie, tu as la magie de transformer un trait en émotion. Quelle chance j'ai eu de pouvoir échanger avec toi et retrouver tes magnifiques illustrations dans ce livre ! Merci !

Emeline, merci pour la fraîcheur de tes idées, ton implication et ta grande disponibilité.

Laura Markham : votre travail a été un jalon dans la construction de mon identité de parent et de thérapeute. Un énorme merci pour votre générosité et vos mots si inspirants.

La musique accompagne si souvent la naissance et la création d'un livre. J'aimerais vraiment remercier tous les artistes et musiciens qui nous permettent d'être par moments inspirés et connectés à nos émotions pour tenter de transmettre une pensée, des idées. Un merci tout particulier au groupe Coldplay dont la musique m'a accompagnée à travers la rédaction de ce livre. L'énergie et l'amour qui émanent de leur musique ont été une grande source d'inspiration et de motivation. Merci !

Last but not least, un énorme merci à ceux sans qui ce projet aurait été impossible : mes patients ! Quelle chance j'ai de faire un métier dans lequel je peux rencontrer autant d'êtres humains différents, inspirants et formidables. Merci pour votre confiance. C'est un privilège immense de vous accompagner sur une petite partie de la route de votre vie.